Tucholsky Wagner Zola Scott Sydow Freud Schlegel
Turgenev Wallace Fonatne
Twain Walther von der Vogelweide Fouqué Friedrich II. von Preußen
Weber Freiligrath Frey
Fechner Fichte Weiße Rose von Fallersleben Kant Ernst Frommel
Richthofen
Hölderlin
Engels Fielding Eichendorff Tacitus Dumas
Fehrs Faber Flaubert Eliasberg Ebner Eschenbach
Feuerbach Maximilian I. von Habsburg Fock Eliot Zweig
Ewald Vergil
Goethe Elisabeth von Österreich London
Mendelssohn Balzac Shakespeare Dostojewski Ganghofer
Trackl Lichtenberg Rathenau Doyle Gjellerup
Mommsen Stevenson Tolstoi Hambruch
Thoma Lenz Hanrieder Droste-Hülshoff
Dach Verne von Arnim Hägele Hauff Humboldt
Reuter Rousseau Hagen Hauptmann Gautier
Karrillon Garschin Defoe Hebbel Baudelaire
Damaschke Descartes Hegel Kussmaul Herder
Wolfram von Eschenbach Schopenhauer Rilke George
Darwin Dickens Grimm Jerome
Bronner Melville Bebel Proust
Campe Horváth Aristoteles Federer
Bismarck Vigny Voltaire Herodot
Gengenbach Barlach Heine
Storm Casanova Tersteegen Grillparzer Georgy
Chamberlain Lessing Langbein Gilm Gryphius
Brentano Lafontaine
Strachwitz Claudius Schiller Schilling Kralik Iffland Sokrates
Katharina II. von Rußland Bellamy Raabe Gibbon Tschechow
Gerstäcker
Löns Hesse Hoffmann Gogol Wilde Vulpius
Luther Heym Hofmannsthal Klee Hölty Morgenstern Gleim
Roth Heyse Klopstock Kleist Goedicke
Luxemburg Puschkin Homer Mörike
La Roche Horaz Musil
Machiavelli Kierkegaard Kraft Kraus
Navarra Aurel Musset Lamprecht Kind Kirchhoff Hugo Moltke
Nestroy Marie de France Laotse Ipsen Liebknecht
Nietzsche Nansen Ringelnatz
Marx Lassalle Gorki Klett Leibniz
von Ossietzky May vom Stein Lawrence Irving
Petalozzi Platon Knigge
Sachs Pückler Michelangelo Kafka
Poe Liebermann Kock
de Sade Praetorius Mistral Zetkin Korolenko

Ingvelde Schönwang

Joseph Christian von Zedlitz

Impressum

Autor: Joseph Christian von Zedlitz
Umschlagkonzept: toepferschumann, Berlin

Verlag: tradition GmbH, Hamburg
ISBN: 978-3-8424-9460-2
Printed in Germany

Ziel der TREDITION CLASSICS ist es, tausende deutsch- und
fremdsprachige Klassiker wieder in Buchform verfügbar zu
machen. Die Werke wurden eingescannt und digitalisiert. Dadurch
können etwaige Fehler nicht komplett ausgeschlossen werden.
Unsere Kooperationspartner und wir von tredition versuchen, die
Werke bestmöglich zu bearbeiten. Sollten Sie trotzdem einen Fehler
finden, bitten wir diesen zu entschuldigen. Die Rechtschreibung der
Originalausgabe wurde unverändert übernommen. Daher können
sich hinsichtlich der Schreibweise Widersprüche zu der heutigen
Rechtschreibung ergeben.

Erstes Buch.

Klaufe.

I.

Kommt, hört von Lieb' und Treue einen Sang,
Von starkem Muth in Noth und Todesdrang,
Von mancher Blutthat, Waffen und Gefecht,
Von einem rauhen, wagenden Geschlecht,
Von Sitten, die in Tagen die uns fern,
Entwachsen aus der Menschheit tiefstem Kern;
Nicht glatt geschliffen, gleißend nicht noch sein,
Nein wild und ungefüg' und hart wie Stein!
Nicht was die Zeit dem Menschen angeweht,
Ihr seht ihn hier, wie er urkräftig steht,
Ein Stamm im Wald, ein Fels, der Wetter Sitz
Erschüttert nicht, zerschmettert nur vom Blitz!

Ein grauer Nebel deckte rings das Land,
Rauh blies der Herbstwind her vom nahen Strand,
Und schüttelte der alten Bäume Haupt;
Die weißen Birken standen unbelaubt,
Und an den Dornensträuchen, dürr und todt,
Hingen die Hagebutten blutig roth.
Schon war die Sonn' entschwunden hinter'm Wald,
Es sank der Abend nieder feucht und kalt,
Die Krähen schrien und suchten ihre Rast
Und flogen nach dem Hochwald hin in Hast.
In Litolfs Haus zu Gladgaard[1] still und leer
Leuchtet vom niedern Herd die Flamme her,
Es steigt der Rauch empor zum ruß'gen Dach
Der weiten Halle, der der Schlot gebrach.
Hier saß Litolf in Abgeschiedenheit
Und dachte trauernd der vergangnen Zeit;
Und wie er einst der Erste war im Land,

---

[1] Sprich Gladgor.

Und einsam jetzt und ohne Erben stand.
Und wie ein Geier nagt ein alter Schmerz
An seinem Eingeweid' und frißt sein Herz! –
So blickt er ernst vor sich und fühlt voll Gram,
Daß seine Kraft entwich, das Alter kam;
Doch wie im Schnee oft noch ein Reislein glüht,
War spät ihm noch ein lieblich Kind erblüht:
Ingvelde, die, weil purpurn angehaucht
Die Wänglein wie in Rosengluth getaucht,
»Schönwange« von den Nachbarn ward genannt.
Die knüpft' ein Fischnetz mit der kleinen Hand;
Ein Knabe neben ihr die Schlingen zählt
Und achtet auf die Arbeit, wenn sie fehlt.

Er war von eines Eignen Weib geboren,
Olaf der Vater, war ein höriger Mann,
Ein Ferg' in Litolfs Landgebiet und Bann,
Sonst war er ehrenwerth und wohl erkoren.
Der lebt' in einer Hütt' am Uferrand;
Die Fähre führt er mit geübter Hand;
Früh oder spät er ist zu jeder Zeit,
Begehrt man sein, zum Dienste gern bereit;
Und wie er immer rudert hin und her,
Wird ihm doch nie die harte Arbeit schwer:
Denn über'm Strome stand unfern ein Haus,
Aus dem blickt eine holde Maid heraus;
Und nimmer kam die Fähre jenseits an,
Nie schwamm an's Ufer Olafs leichter Kahn,
Daß nicht sogleich die junge brünst'ge Lieb'
Ein Herze hin zum andern Herzen trieb.
Doch Norf, der Jungfrau Vater zürnt und tobt,
Er hatt' sie einem Andern angelobt;
Olaf der Eigne und ein armer Knecht
Ist ihm zum Eidam nicht genehm und recht. –
Doch Lieb' ist mächt'ger als ein hart Gebot,
Lieb' ist nur stärker, wenn Gefahr ihr droht;
Ihr ist kein Berg zu hoch, kein Thal zu tief,
Kein Weg so weit, daß Liebe ihn nicht lief!
Liebe taucht in der Wasser tiefsten Schlund,

Scheut nicht die Meeresungethüm' im Grund,
Und brennt' ein Wald und sprühte Flamm' und Gluth,
Die Liebe stürmte durch mit leichtem Muth,
Und wär' ein spitz'ges scharf geschliffnes Schwert
Auf jedem Schritt ihr drohend zugekehrt:
Liebe ging' ihren Weg so ungeschreckt
Als wären Blumenstengel vorgestreckt!
Wie hielten sie die Niemand hält im Lauf
Wohl eines Stromes schmale Schranken auf?

Und so geschah's! – Norf ging einst jagen aus
Und als er heim kam, fand er leer das Haus;
Still stand die Fähr' und ist nicht mehr gekehrt
Seit Hilde schafft als Weib an Olafs Herd;
Da rief, den selbst der Asen[2] Mund nicht nannt',
Höder, den blinden Gott,[3] er zornentbrannt
Zur Rach' empor; verließ der Heimath Ort
Und zog landeinwärts weit vom Strande fort! –
Bald hörte man: er starb! Zwölf Jahr' entfloh'n,
Olaf und Hilde hatten einen Sohn
Und lebten glücklich in beschränktem Loos
Und zogen liebend ihren Knaben groß.
Als einst der Winterstürme Zeit begann,
Rast' eines Tags ein mächtiger Orkan.
Es saust der Wind und treibt die Fluth zum Strand,
Kaum hält die Fähre mehr des Seiles Band.
Der Regen gießt in Strömen dicht herab,
Und finster ist's und nächtig wie im Grab.
Noch wachet Olaf bei des Herdes Schein,
Doch Hilde schlummert und ihr Söhnlein klein;
Da klopft ein Mann am fichtnen Laden an
Und einer mächt'gen Stimme Ruf begann:
»Auf Ferge! binde deine Fähre los
Und führe über, meine Hast ist groß.«
Und Olaf: »»Ei wie führt' ich euch wohl heut

---

[2] Die Asen, das Göttergeschlecht der skandinavischen Mythologie.

[3] Höder oder Hödur, war so grimm und gefürchtet, daß die andern Asen seinen Namen ungern und nur mit Grauen nannten.

Ueber den Strom bei solcher Wetterzeit!««
Und wieder rief es draußen: »Faß nur Muth!
'S ist nicht so arg, versuch's, ich lohn' dir gut!«
Und Olaf: »»Nein das Wagniß ist zu groß!««
»Ich laß den Schlitten dir zusammt dem Roß!« –
»»Ich kann nicht!«« – »Eine mächt'ge Tonne Meth!« –
»»Ihr seht ja selber, daß es heut nicht geht!«« –
»Ein pelzverbrämtes Kleid für deinen Leib
Und eine Perlenschnure für dein Weib!« –
»»Ich kann nicht!«« – »Noch zehn Pfunde Goldes klar;
»Der so viel eigen hat, ist reich fürwahr!« –
Da folgt Olaf der Lockung und er geht
Zum Unbekannten, der erwartend steht;
Besteigt den Nachen mit dem fremden Gast
Und hat das Ruder mit der Hand gefaßt,
Löst los vom sichern Halt das starke Seil.
Indeß wird Hilde wach, horcht und in Eil'
Reißt sie vom Herde einen Feuerbrand
Und tritt hinaus die Leuchte in der Hand.
Da stößt vom Ufer eben in die Fluth
Olaf die Fähre mit verwegnem Muth
Und neben ihm steht Norf, ihr Vater, bleich
Zurückgekehrt aus dem Todtenreich.
Doch kaum erkennt sie ihres Vaters Geist,
Als in den Grund der Sturm das Fahrzeug reißt
Und die es trägt! Und aus der Tiefe lacht
Ein tolles Hohngelächter durch die Nacht! –
Die Mutter starb vor Gram in kurzer Zeit;
Die Waise nahm Held Litolf hülfbereit.
»Gest« hieß der Knabe, der zwölf Jahr' nun alt
Empor wuchs edel, kräftig von Gestalt.
Hell um die freie Stirne floß das Haar,
Sein Auge blickt treuherzig, bieder, klar;
Ein jeder lobte seinen wackern Muth,
Und wer ihn sah, der war dem Knaben gut.
Ein Makel nur entstellte sein Gesicht,
Das wie ein Frühlingsmorgen frisch und licht:
Die Oberlippe hatte einen Spalt!
Sonst war er wie die junge Tann' im Wald

Stark und gewandt, in Waffen wohlgeübt
Und muntern Sinnes den kein Gram betrübt.
Mit Gest in friedlich stiller Einsamkeit
Entschwand Ingvelden hold die Jugendzeit,
Wo, ohne Wunsch und Hoffnung noch, das Herz
Die künft'ge Lust nicht ahnt noch künft'gen Schmerz! –

II.

Durch's Leben weht ein Duft des Jugendbaums,
Wenn längst die frühen Blüthen abgeblüht;
Die Seel' umwebt das Bild des ersten Traums,
Wenn längst der Morgenschlummer ausgeglüht;
Des Herzens Nebelsterne, einmal wach,
Sie dämmern durch das ganze Leben nach!
Ihr horcht und horcht und hört, ihr wißt nicht wie,
Stets fort den Klang der ersten Melodie,
Die leisen Tons durch alle Lieder ringt
Und mit des Lebens letztem erst verklingt! –

*

Ingvelde schien ein Lilienstengel klar,
Gest zog einher ein starker junger Aar;
Ihr Auge glich dem Veilchen feucht vom Thau,
Sein Blick dem Mond Nachts in des Aethers Blau;
Ingvelde war ein schlanker Rebenschoß,
Er eine Bergestanne stattlich groß;
Ihr reich gelocktes Haar war weiche Seide,
Das seine wie im Sturm das Gras der Heide;
Ihr Händchen eine Blüthe weiß und zart,
Gest's Hand glich Stahl, geglüht im Feuer hart;
Sie schwebte hin mit flüchtig leichten Tritten,
Er wie ein Löwe kommt durch's Feld geschritten;
Doch beide schienen gleich an Wohlgestalt,
Nur ach! – Gest's Lippe hatte einen Spalt!
So waren einsam sie erwachsen beid',
Ein ernstes Paar, der Jüngling und die Maid!

*

Ingvelde zog bald durch Gebirg und Wald,
Bald längs dem Meer, durch Moor und Heide bald;
Jetzt mit dem Spieß im leichten Jagdgewand,
Jetzt hoch zu Roß den Sperber auf der Hand;
Und ihr zur Seit' auf jedem Gang und Ritt,
Zog immer Gest ein treuer Knappe mit;
Ihn hat der Vater ihr zum Dienst bestellt,
Kein besser Loos wünscht' Gest sich in der Welt.
So gingen Er und Sie durch manche Stunde,
Wie einsam zieh'n zum Quell im Thalesgrunde
Der prächt'ge Hirsch mit mächtigem Geweih
Und neben ihm die schlanke Hirschkuh frei;
Ingvelde schwieg und sann und nur zu Zeiten
Ließ sie den Blick auf Gest betrachtend gleiten;
In ihres Auges tiefe dunkle Gluth
Sieht ruhig Gest mit still bescheidnem Muth.
Von Tag zu Tag dünkt ihn Ingvelde mehr
Wie eine ernste Göttin, stolz und hehr,
Wie Nornen[4] schön und furchtbar doch zugleich; –
Hoch trug das Haupt sie, blond und lockenreich;
Wie sich in Wolken birgt der lose Blitz,
In nächtlich blauen, der Gewitter Sitz,
Birgt sich ein Strahl in ihres Auges Grund,
Kein Lächeln spielt je um den schönen Mund,
Auf weißen Schultern hakt ein Edelstein
Ihr Kleid in breite goldne Spangen ein;
Das sinkt in Falten zu dem Knöchel nieder,
Verhüllend streng den stolzen Bau der Glieder.
Und was sie wußte von der Vögel Flug,
Vom Gang des Wildes, von der Wolken Zug,
Vom Aether und der Sterne leichtem Tanz,
Von Sonne, Mond und von des Nordlichts Glanz,
Von unterird'scher Feuer ew'ger Gluth,
Vom Lauf der Flüsse, von des Meeres Fluth,
Von Sagen aus der grauen Väter Zeit,

---

[4] Nornen, die Schicksalsgöttinnen der Skandinaven.

Von Männerthun und von der Helden Streit,
Wo zu der Jungfrau, zu der Wittwen Klagen,
Die scharfen Schwerter blut'gen Takt geschlagen,
Wie man den Blutsfreund und die Asen ehrt,
Dieß Alles hatt' Ingvelden Gest gelehrt! –
So traf sie einst des heißen Mittags Schwüle,
Im tiefen Forst, wo in des Schattens Kühle,
Im Tannendunkel laut der Waldstrom braust
Vom Fels herab und durch die Schluchten haust.
Ein weites Bett hat sich die Fluth gewühlt,
Die Trümmer weit im Zorn mit fort gespült,
Und rings die Riesensteine mächtig, breit,
Im wüsten Lauf gewaltig hin gestreut.
Die hatten Moos und üppig Schlingkraut reich
Umwebt mit einer Decke grün und weich.
Ingvelde ruhte dort und schweigend stand
Ihr gegenüber Gest am Bachesrand;
Ihr Auge wurzelt an dem Boden fest,
Und nur zu Zeiten blickt es ernst auf Gest;
Doch senken bald die schönen Augenlieder
Gedankenvoll sich auf den Boden wieder. –
»Gest!« – rief sie endlich – »sage noch einmal
»Wie Thorstein einst den Hengst Herrn Litolf stahl,
»Den Hengst mit goldnem Huf, aus Sleipners Blut[5]
»Der Asenzucht? Nie war ein Roß so gut!
»O könnt' ich einmal nur von ihm getragen,
»Im Morgennebel durch die Heide jagen!«
»»Laßt Jungfrau ab zu fragen was ihr wißt;
»»Nichts nützt es euch, daß ihr das Roß vermißt!««
Sie schweigt; und wieder drauf nach kurzem Sinnen:
»Nicht nur des Vaters Pferd führt' er von hinnen,
»Auch meine Bas', aus sicherem Verschloß,
»Die Schwester Litolfs, hob er schnell auf's Roß;
»Und wie er jagt die öde Heid' entlang,
»Neben dem Roß sein grauer Windhund sprang:
»Doch wie er rasch war und von Läufen gut,

---

[5] Sleipner, der Hengst Odins, war das herrlichste aller Pferde.

»Zuvor that's ihm der Hengst aus Sleipners Blut! –
»Vor sich im Sattel hielt Thorstein die Maid;
»Die trug am Hals ein köstliches Geschmeid,
»Einen Lichtstein, der verborgen tausend Jahr
»In einer Kröte Haupt gelegen war;
»Kein größerer war weit und breit zu sehn,
»Dazu der farb'gen Edelsteine zehn.
»Bald starb die Maid! – O könnt' ich nur einmal
»Mich zieren mit dem Kleinod das er stahl!«
Drauf Gest: »»Denkt nicht daran, und fehlet gleich
»»Dieß Kleinod euch, ihr seyd an andern reich.««
Sie schweigt, doch wieder drauf zu Gest gewandt,
Spricht sie die Wang' von Zornesroth entbrannt:
»Ist ungerächt nicht noch bis diese Stunde
»Auf Litolfs Stirn die tiefe breite Wunde?
»Die haut' ihm Thorsteins Schwert im blut'gen Streit,
»Und noch, noch ist der Tag der Rache weit!
»Hätte statt mir der Vater einen Sohn,
»Der zapfte längst des Feindes Herzblut schon!« –
Und wieder Gest: »»Ward doch mit Gold gesühnt
»Was Thorstein an Held Litolf sich erkühnt!«« –
»Niemals! Er böt' umsonst was er besitzt,
»Hätt' er auch nur des Vaters Haut geritzt.
»Doch Litolf ist der Riesentanne gleich,
»Die ohne Wipfel steht und ohne Zweig!
»Einst, als sie strebt' hoch in der Lüfte Raum,
»War rings im Land umher kein stolz'rer Baum.
»Er steht allein! dem Thorstein aber blühn
»Glaser der Sohn, Klaufe der Enkel kühn,
»Ein grimmer Riese, der fünf Ellen hoch:
»O schlüg' ihn Thor[6] mit seinem Hammer doch! –
»Guldrunens Sohn, Sigridens Bruder, die
»Thorstein dem treuen Gries zum Weib verlieh.
»Oheim und Neffe zogen über's Meer;
»Daß sie den grünen Strand nie schauten mehr!
»Daß doch der Sturm im finstern Wasserschlund
»Die Fluth aufwühlt' und aus dem tiefsten Grund

---

[6] Thor, der höchste der Asen nach Odin

»Aufstieg die grause Schlang Irmengondur[7] »Und sie
verschläng' und über ihre Spur
»Der grauen Wogen zeichenlose Bahn
»Hin wirbelte. – Mir wäre wohl fortan!

III.

In jenen Tagen, wo der Vorzeit Mark
Noch ungeschwächt und Kraft und Wille stark,
Da nahm der Muth nur bei sich selber Rath,
Und schnell entschlossen war der Wunsch, die That!
Die Liebe selbst, ein zuckend schneller Blitz,
Kannte die Sehnsucht nicht, nur den Besitz! –

*

Ein schwarz Gewölke zog allmählig auf,
Erst klein, doch größer bald wuchs es im Lauf,
Bis eine graue Decke hing gespannt
Von einem bis zum andern Himmelsrand.
Und aus dem Süden heulte über's Meer
Ein Sturm und trieb die Fluth wild vor sich her;
Und Blitz auf Blitz zuckt durch des Aethers Haus
Und Luft und Meer sind eingehüllt in Graus.
Und auf der hochgethürmten Wogen Saum
Gleitet ein Fahrzeug durch den weißen Schaum,
Der Winde Spiel, mastlos und stangenlos.
So trieb das Schiff umher in Nöthen groß.
Drinn aber schifften Männer stark von Muth,
Glaser und Klauf! das kühne Thorsteinblut.
Glaser der Ohm, am hintern Schiffesrand,
Führte das Steuer mit erfahrner Hand.
Inmitten aber stand hoch wie ein Mast
Klaufe, der eine Eisenstang' erfaßt,
Und mit des Arms gewalt'ger Stärke stieß

---

[7] Irmengondur, eine Schlange, die den ganzen Erdball umkreiste.

Das Schiff er fernab, wenn ein Riff sich wies,
Wieder zurück in die erzürnte Fluth.

So schifften beide in des Sturmes Wuth,
Bis sie den Sand der Dünen vor sich sahn,
Und sie geborgen und das Werk gethan.
Freudig gelandet schritten sie vom Meer
Mit hast'gem Schritt zu Thorsteins Haus einher;
Es blickt von dort ein Feuer durch die Nacht
Auf offnem Herde gastlich angefacht.
Dort saß der alte Thorstein; um ihn her
Der kühne Recke Gries und andre mehr.
Gries, Klaufe's Schwager, den Sigrid erwählt,
Als sie noch zwanzig Jahre nicht gezählt.
Die dachten wohl, in solches Wetters Grimm
Steh' es mit Klauf' und Glasers Meerfahrt schlimm.
Doch wie man angstvoll schweigend sitzt am Herd,
Treten die ein, durchnäßt, doch unversehrt!

Da in der Halle ward der Jubel laut,
Da war ein Grüßen rings mit Mund und Hand.
Zum Sitz den Müden an des Feuers Rand
Gebreitet ward des Elchs gegerbte Haut,
Und frisch entflammt die Scheite mächtig groß.
Der Meth in Füll' aus hohen Kannen floß,
Des Rennthiers leckerer geschmorter Rücken,
Und fettes Fleisch des wilden Ebers ging
Umher, vertheilet in gewalt'gen Stücken;
Es hieße Niemand solch ein Mahl gering!
Und während draußen Sturm und Wetter schwoll,
Kreist drinnen fort und fort das Trinkhorn voll,
Bis allgemach man ruhen läßt die Krüge.
Und als des Tranks man hatte volle Gnüge,
Erhob ein Skalde sich und von der Wand
Langt er die Harf', und mit geübter Hand
Läßt er die Saiten tönen zum Gesang.

Doch endlich schwiegen auch Gesang und Klang;
Da von der Elchhaut sprang Held Glaser itzt,

Und rief, von Meth und frohem Muth erhitzt:
»Hör, Vater mich, Tingmänner[8] hier allsammt,
»So lustig und so jung wie heut wird traun
»Uns nimmermehr ein neuer Morgen schaun;
»So laß uns, die von deinem Blut entstammt,
»Dem Thorsteinblut, verpfänden hier am Ort
»Für eine kühne Mannsthat unser Wort!
»Damit der Ruhm nicht sterb' in diesem Haus,
»Und weil du selbst nicht gehst in Waffen mehr,
»Mit deinen Thaten lösch' Vater aus!«
Und Beifall jauchzte rings die Meng' umher!
Der greise Thorstein aber lächelt drein
Und spricht vergnügt: »Mein Sohn, so soll es seyn!
»Das beste Roß auf Nordlands weiter Flur,
»Das schnellste Schiff, das je das Meer befuhr,
»Die schönste Jungfrau, die noch je gelebt,
»Die hab' ich, als ich jung war, mir erstrebt;
»Dazu im Kampf schlug ich den stärksten Mann,
»Daß er dem Tod mit Mühe nur entrann,
»Litolf, dem scheu jedweder Kämpe wich –
»Die Wunde, deren Narb' er trägt, schlug ich.
»Wohlauf! Geh auch beim ersten Hahnenruf
»Und hol' dir einen Hengst mit goldnem Huf!«
Und Glaser drauf: »»Beim Thor! so sollt' es seyn,
»»Wär' nicht der Asenhengst schon lange dein!
»»Doch will dem Erbfeind unsres Hauses Hohn
»»Ich offen sprechen als dein ächter Sohn,
»»Will ihn vor allem Volk der Feigheit schmähn,
»»Das soll der Hahn zum Morgenruf ihm krähn!«»
Und Thorstein: »Gries, wozu treibt dich der Muth,
»Denn du ja auch gehörst zu meinem Blut,
»Seit Sigrid sich als Gattin dir vermählt
»Und zum Genossen Klaufe dich gewählt.
»Geschworne Blutbrüder seyd ihr beid'
»Und müßt im Kampfe stehen Seit' an Seit'!«
Und freudig springet Gries von seinem Sitz,

---

[8] Ting hieß das Gericht, die Rathsversammlung der Männer des
Stammes oder Bannes.

Gries, dessen Schwert ein sicherer Todesblitz.
»Schildsprenger Thorstein, du, deß tapfre Hand
»Die muthigsten und stärksten überwand,
»Wohlan, wenn's dich gelüstet, sollst du sehn,
»Im Kampfe mich dem besten Nordmann stehn!
»Du weißt, daß keiner hier wie Gest so stark,
»Ein Mann gewaltig wie aus Odins[9] Mark!
»Wie seinen Hammer der rothbärt'ge Thor,
»Schwingt Gest die Keul', als wär's ein leichtes Rohr!
»Den will entbieten ich, Schwert gegen Schwert,
»Und nimmer soll er kehren unversehrt!«

Und Klaufe der, wie dort auf Utgaards Schloß
Die Jötunriesen,[10] schulterbreit und groß,
Steht auf von seinem Sitz und spricht:»So wahr
»Als mich Guldrun, dein liebstes Kind, gebar,
»Sollst du mit deinen eignen Augen schau'n
»Wie ich die schönste aller Erdenfrau'n,
»Ingvelde Schönwang, hier auf diesem Arm
»Heraus mir trag' aus der Geleiter Schwarm.
»Und Litolf nicht, noch die Tingmanner all,
»Die zu ihm stehn auf seines Heerhorns Schall,
»Nicht wehren sollen sie die Jungfrau mir,
»Die ich zum Weibe will, das schwör' ich dir!«

Und Thorstein lacht im Herzen froh und spricht:
»Noch ward zu Milch die Thorsteingalle nicht,
»Noch fühle Litolf an des Grabes Rand,
»Daß meine Kraft in jedes Thorsteins Hand,
»Und daß mein Haß in jedes Thorsteins Brust,
»Gleich jeder erbte meiner Rache Lust;
»Daß jedes Knochen voll mit meinem Mark,
»Und ich erstanden sey drei doppelt stark.
»Schon fliegt die Rabenschaar – hörst du sie krähn?
»Die Thorstein nahn und ihre Sensen mahn!

---

[9] Odin, der oberste aller Asen.

[10] Jörunriesen, das Geschlecht der Bergriesen, das gleichfalls von den Asen abstammte, hatte seinen Sitz zu Jötungshein.

»Schon fliegt der Blutfalk, Litolf! Aufgejagt,
»Springt schon der Wolf, der dein Gebein benagt,
»Recht meine Söhne, recht, ich stimm' mit ein,
»Wie ihr beschlossen, also soll es seyn!« –

Glaser der Held hat einen list'gen Knecht,
Tapfer und klug, für jeden Auftrag recht
Und kühn in allen Nöthen und gewandt,
»Vielfraß« so war der list'ge Knecht genannt,
Zu ihm sprach Glaser: »Dich erseh' ich aus
»Daß du mir Botschaft trägst in Litolfs Haus
»Und ihn entbietest und was zu ihm hält,
»Uns zu begegnen wenn der Nebel fällt,
»Daß er das Antlitz kenne, das er schaut.
»Ich weiß, daß ihm vor Glasers Blicken graut.
»Sag' ihm, gekommen endlich sey der Tag
»Wo alter Haß sich labt an Schwertesschlag,
»Und also achten wir ihn selbst gering,
»Und Gest den Necken und sein ganz Gething,
»Daß wir zum Krieg nicht ausziehn, nein, zur Jagd!
»Und ferner werd' ihm auch durch dich gesagt,
»Es thue Glaser laut durch deinen Mund
»Ihm, daß er feig und hasenherzig, kund.
»Und daß am Boten er, wie viel er werth,
»Erkennen mag, und wie man hoch ihn ehrt,
»So laß daheim Rüstzeug und Kriegsgewand,
»Ein Schalksnarr, nicht ein Herold sey gesandt.«
Drauf Gries: »Und sag' dem Recken Gest von mir,
»Mein Schwert in ehrner Scheibe, vor Begier
»Ihm tief in's Herz zu fahren, beb' und hüpfe
»Hoch auf vor Sehnsucht, ohne daß man's lüpfe!« –
Und Klaufe: »Komm, ich geh' ein Stück mit dir,
»Und was ich will, hörst du im Gehn von mir.« –

Es rüstet sich zu thun wie man ihn hieß,
Vielfraß, und in ein ungegerbtes Vließ
Der Berggeiß hat er seinen Leib versteckt,
Mit einem Stierhaupt seinen Kopf bedeckt,
An beiden Hörnern, die er lustig regt,

Erklingen Schellen, wenn er sich bewegt.
So ging er Morgens fort, die Heid' entlang,
Klaufe geleitet ihn den halben Gang
Bis sie berathen, wie am andern Tag
Klaufe Ingvelden sich gewinnen mag;
Dann kehrt er heim. Indeß eilt Vielfraß fort
Und kommt am Abend zum bestimmten Ort.

Ein tritt er nun in's Haus; da sitzt am Herd
Litolf beim Mahl, um ihn die Freunde werth.
Die hat der Greis um sich versammelt heut,
Da lang er sich des Anblicks nicht erfreut.
Wie nun der Bote, also angethan
Eintrat, ein laut Gelächter da begann!
»Seht nur den Schalk mit Hörnern und mit Ohren!
»Ist wem umher in Freud' ein Sohn geboren?
»Ist irgend sonst ein frohes Fest im Land,
»Zu dem man lust'ge Ladung umgesandt?
»Wer ist der Mann, woher? beseht ihn recht!
»Beim Hammer Thors! 's ist Vielfraß, Glasers Knecht!«
–
Als Vielfraß so empört die Menge sah,
Nicht gar zu wohl ward ihm im Herzen da.
Er sah, besorgt, bald vorwärts, bald zurück,
Und sprach dann endlich mit unsicherm Blick:
»Ich bin's, ihr Recken! Wenn es euch mißfällt
»Und meine Botschaft euch das Mahl vergällt,
»laßt mich nicht büßen was nicht meine Schuld,
»Und hört was ich euch sage mit Geduld.
»Nicht eigne, fremde Rede thu' ich kund.« –
Doch kaum war der Bericht entflohn dem Mund,
Erhob die Menge sich in wilder Wuth!
»Hört ihr die Schmach, hört ihr? – Das fordert Blut.
»Erschlagt den kühnen Knecht! – Erschlagt, erschlagt,
»Der solche Botschaft uns zu bringen wagt!«
Und Dolch und Messer, Axt, was schnell sich fand,
Das nahm der Zorn als Waffe in die Hand.

Und nicht zur Kurzweil stand jetzt Vielfraß da,
Nein, bleich und stumm, er war dem Tode nah,
Wenn nicht Held Litolf eifrig sich erhob,
Und Ruh gebot der Menge die zerstob! –
»Laßt ihn in Frieden! Schande wär's fürwahr,
»Verletzet ihr dem Boten nur ein Haar!
»Kommt er zur Schmach uns her im Narr'ngewand,
»Die Schuld ist derer, die ihn hergesandt;
»Straft sie am Herren, straft sie nicht am Knecht.
»Die Thorstein sind ein wagendes Geschlecht;
»Die Rache zog zu blut'gen Thaten aus,
»Aus meinem bald und bald aus Thorsteins Haus.
»Sie oder wir! Das ist ein altes Wort!
»Wir haben Raum nicht an demselben Ort.
»Klingt mir's wie Heimdals[11] Horn doch in mein Ohr,
»Und wieder jung fühl' ich mich wie zuvor,
»Seit uns der Gauch das Aufgebot gebracht;
»Und so wie sie, sind wir bereit zur Jagd!
»Ruft Uller[12] an, daß er uns Sieg verleiht,
»Wie's immer fällt, wir sind zum Kampf bereit;
»Dem Manne doch, der her die Botschaft trug,
»Gewalt zu thun wie wäre das wohl klug! –
»Steht's um den alten Thorstein denn so schlecht,
»Daß er in Thierfell kleidet seinen Knecht?
»Thut es um gut Gewand dem Knicker leid?
»Wohlan, bringt ihm ein neues Wollenkleid,
»Und eine Marderkappe, warm und weich;
»Litolf von Gladgaard ist schon noch so reich!
»Und nun zieh' ab, und sag den Deinen an:
»Ein jeder werde finden seinen Mann;
»Bald sollen sie uns sehn! Auch unser Schwert
»Ist scharfer Stahl und wohl den ihren werth!«
Und alle jauchzten wie so mannhaft doch
Des Greisen Wort, und wie er kräftig noch. –
Der Bote schied; Gest schloß die Thore zu,

---

[11] Der Ase Heimdal, Wächter an der Bifrostbrücke, trug ein goldenes Heerhorn, mit dem er die Asen zur Versammlung rief.
[12] Uller, einer der Asen der in Kämpfen Sieg verlieh.

Und in dem Hause legt' man sich zur Ruh.
Die Botschaft Glasers zwar war ausgericht't,
Auch Gries Gebot; doch das von Klaufe nicht.
Als Vielfraß nun zum Rückweg sich gekehrt,
Wollt er vollziehn auch was ihn der gelehrt.
Des Hauses Lag' und Vortheil sollt' er sehn,
Und wo Ingveldens Frauenbuur[13] erspähn.
Er schaut umher, da schimmert Licht – er geht,
Und naht dem Haus, das abgesondert steht
Im Hof; und wie er lauscht, ertönt entlang
Von Frauenstimmen lieblicher Gesang.

Er weiß jetzt was er wissen will, und denkt
Die höchste Zeit sey's, daß er heimwärts lenkt.
Da werden plötzlich Gladgaards Hunde laut,
Er flieht, eh' sie im Dunkel ihn erschaut;
Doch seiner Kappe Schellen klingen hell,
Sie stürzen auf die Heide mit Gebell,
Und legten leicht wohl ihren scharfen Zahn
Dem fremden Boten an die Fersen an;
Und hätten schwerlich ihm aus dem Geheg
Zurück gestattet ohne Kampf den Weg.
Da, zu entkommen, in der Angst erfaßt
Den Stierkopf er, und wirft ihn hin in Hast.
Und während sich die gier'gen Hunde wild
Hinstürzen auf des Stierkopfs hohles Bild,
Ihn hin- und herziehn auf dem Rasen dort,
Ersieht Vielfraß die Zeit und macht sich fort;
Und froh der Jagd der Meute zu entgehn,
Entflieht er baarhaupt ohne umzusehn! –

IV.

Der Weise geht durch's Leben mit Bedacht
Und hat genau der eignen Reden acht,

---

[13] Buur, Frauenbuur, hieß die abgesonderte Wohnung der Frauen, die gewöhn-
lich im Innern des Hofraums in einiger Entfernung von dem Hauptgebäude
errichtet war.

Denn manches bittre Leid hat schon geschafft
Ein vorschnell Wort, entschlüpft des Mundes Hast;
Es nimmt ein strenger unbeugsamer Gott
Den Schwur für Ernst, den du gethan zum Spott;
Und wie der Eid entflohn dem Lippenrand,
Behält ihn das Geschick als sichres Pfand.
So fiel in's Netz der eignen Red' Ingveld',
Das sie im Wahn sich selbst hatt' aufgestellt!

*

Zu Thorsteins Haus kam endlich Vielfraß an,
Der dießmal schwer das Botenbrod gewann,
Er that von seiner Fahrt wie's seine Pflicht,
Den Thorsteinmännern treulichen Bericht.
Als die nun hörten daß, wie sie, zum Streit
Der greise Litolf muthig und bereit,
Da langten sie das Rüstzeug von der Wand,
Und nahmen Spieß und Streitaxt schnell zur Hand.
So zogen sie geschaart den Weg entlang
Und stimmten an den lauten Kriegsgesang,
Zu den Walküren,[14] die gehüllt in Nacht
Die Todeslose schütteln in der Schlacht, –
Und wie sie ziehn im frühen Nebelgrau
Durch's Heidegras, noch feucht vom Morgenthan,
Sieht bald ihr Auge, wie schon früh im Feld
Litolf von Gladgaarb mit den Seinen hält.
Da ward nicht länger mehr der Kampf verschoben,
Manch Schwert gezückt und mancher Schild zerkloben,
Von beiden Seiten stritten sie mit Muth,
Von beiden Seiten stoß das schwarze Blut
Aus Wunden breit und tief, und auf das Feld
Sank Mancher hin von Todesgraun entstellt.

---

[14] Walküren wählten in der Schlacht diejenigen aus, die zu fallen bestimmt
waren; auch schenkten sie den todten Helden in der Wohnung der Asen Vier
und Meth ein.

*

Und drüben scholl die Stimme Glasers laut,
Als er voran den alten Litolf schaut,
Der, ob er gleich nicht mit dem Schwerte ficht,
Doch kühne Worte zu den Seinen spricht.
»Zu mir Held Litolf wende dich – wohlan!
»Wagst du's, so kämpf' mit mir Mann gegen Mann,
»Wo nicht, so soll man wissen es fortan,
»Daß du ein Feiger, der vor mir entrann.« –
Und Litolf drauf: »»Wie hättest du wohl je
»»Mir Kampf geboten, wär' ich jung wie eh'.
»»Nun ich ein Greis und längst zum Grabe reif,
»»Mein Mark entschwunden, meine Glieder steif,
»»Nun bist du muthig, sprichst dem Alten Hohn!
»»Wär' ich noch kräftig, liefst du bald davon!
»»Doch willst du Kampf, sieh diese Männer hier
»»Noch jugendfrisch, sie alle stehen dir!««Und rück-
wärts wich der Greis bis hingewandt
Er wieder in der Seinen Mitte stand.

Indeß Litolf den Gegner so beschied
Und ob auch ungern Kampf mit Glasern mied,
Erklangen laut die Waffen rings umher,
Und gegen Gest schritt muthig Gries einher,
Der, als er jenen sah zu ihm gekehrt,
Den Schild voran, gezückt das breite Schwert,
Fühlt heiß das Blut auf seinen Wangen glühn,
Und ihm entgegen schritt er rasch und kühn.
»So recht – rief er mit lauter Stimm' ihm zu –
»Nicht so, Held Gries, wie Glaser, fechte du
»Mit Greisen! Nein, such' einen Kämpen dir
»An Alter gleich, du findest ihn in mir.
»Wohlan, wir wollen sehn, wer von uns Zwei'n
»Heut gehen wird zu Odins Geistern ein!« –
So ist der Streit entflammt rings auf dem Feld,
Nur Klaufe fehlt, der ungefüge Held. –

Indeß die fochten ihre Kämpfe aus,
Zog Klaufe insgeheim gen Litolfs Haus
Mit Vielfraß und noch einer kleinen Schaar,
Die eh' der Tag graut, ausgeritten war.
Er selbst saß auf dem Asenhengste gut,
Mit goldnem Huf, dem Hengst aus Sleipners Blut,
Den Thorstein einst geraubt. – Kein andres Pferd
Ließ so wie dieß, die Halme unversehrt
Und ungeknickt im Laufe; ging entlang
Den schmalsten Eisenstab mit sicherm Gang;
Schwamm einem Wallfisch gleich durch's tiefe Meer,
Wenn wilder Sturm die Wogen trieb einher.
Aus Gladgaard waren alle Männer heut
Mit Litolf ausgezogen in den Streit;
In ihrer Wohnung blieb Ingveld' allein
Und blickt' bekümmert in das Feld hinein
Von hoher Lug', ob sie vielleicht erspäht
Wohin sich wohl des Kampfes Ausgang dreht.
Da plötzlich sieht sie auf dem Asenroß
Mit seinen Mannen Klaufe, mächtig groß;
Als der Ingvelden auf der Mauer schaut,
Ruft er ihr lachend: »Gib mir Einlaß, Braut,
»Denn mir gehörst du, willig oder nicht!«
Ingvelde drauf verächtlich zu ihm spricht:
»»Ein Räuber, Klaufe, listig und gewandt,
»»Zwar bist zu Meer und Lande du bekannt,
»»Auch daß du reitest stets das beste Pferd,
»»Das mehr als du und deine Sippschaft werth:
»»Indeß sind dieser Mauern Zinnen doch
»»Auch selbst für dich und deinen Hengst zu hoch!«« –
Held Klaufe läßt statt aller Antwort bald
Der Thore Balken einhaun mit Gewalt;
Doch wie er durch die offnen Flügel geht,
Der Hofraum rings in hellen Flammen steht!
Ein Gluthpfuhl dampft; empor zur Mauer schlägt
Das Feuer, das sie muthig selbst erregt;
Und von des Brandes Lohe rings umweht,
Ingvelde hehr wie eine Norne steht!
»Komm in dein Brautbett, Klaufe, wenn du magst,

»Und raub' den Gürtel mir, wenn du es wagst.« –
Und keiner von den Männern Klaufe's all
Vermag zu dringen durch den Gluthenschwall,
In dem Ingvelde starkgemuthet weilt,
Gewiß, daß sie ein freier Tod ereilt.
Da treibt Klaufe den Hengst mit kühnem Muth,
Und gleich dem Drachen, mitten in die Gluth
Stürzt sich das Roß, und als ob zum Gestad'
Es munter steig' aus kühlem Wellenbad,
Trägt unversehrt es durch der Flammen Graus
Den starken Klaufe nach der Jungfrau Haus.
Auf brennenden Gebälkes schmalem Pfad
Zur Mauer klimmend ist der Held genaht,
Und hat Ingvelde mit der Arme Kraft
Umfaßt und sie dem Feuertod' entrafft.
Und wie hinein, so durch das Gluthgeheg
Sucht sich zurück der Asenhengst den Weg!

Die auf der Heid' indeß den Kampf bestehn,
Gen Gladgaard jetzt geschwärzt den Himmel sehn;
Bald durch den Rauch ist rothe Gluth zu schau'n;
Da faßte Gest im Herzen Schreck und Grau'n,
Denn wohl ward er in seinem Geist gewahr,
Ingvelden drohe Noth dort und Gefahr!
Da läßt er Gries und will fort aus dem Kampf
Gen Gladgaald, wo sich hebt des Brandes Dampf,
Doch schon war Klaufe hergejagt in Hast;
In Vielfraß' Hut läßt er die schone Last,
Die vor sich auf des raschen Hengstes Bug
Er aus dem Brand in starkem Arm enttrug.
Die Gladgaaldstreiter drängen, Gest voran,
Dicht gegen ihn und seine Schaar heran.
Kaum sah ihn Gest als er die Keule schwang;
Und auf den Schlag zu Boden, groß und lang,
Sinkt Klauft regungslos! Es stehn entsetzt
Den Kampf vergessend rings die Streiter jetzt.

Als so die Männer Klauf umstehn im Feld,
Unsern Held Litolf mit den Seinen halt,

Und auch der greise Thorstein kam herbei,
Erhob sich um das Blutgeld wild Geschrei;
Und wie ... die fordern, ... jene weigern, faßt
Vielfraß Ingvelden und reißt sie in Hast
Zu Klaufe hin, und ruft ihr eifernd zu:

»Die Blutschuld für Held Klaufe zahlest du!
»Laßt uns das Loos ziehn, wem sie eigen sey;
»Doch gebt sie nimmermehr den Ihren frei!«
Da hebt Ingvelde stolz das Haupt empor,
Und spricht mit Hohn zu Vielfraß: »Eitler Thor,
»Meinst du, so fügsam sey Ingveld' ein Weib,
»Daß dienstbar eurem Machtgebot ihr Leib?
»Daß sie vielleicht selbst *dir* als Hausfrau recht,
»Und wie der Herr, sie nun mag frei'n der Knecht?
»Ich aber schwöre dir bei Thors Gewalt,
»Und bei dem Manne, der hier todt und kalt,
»Kein andrer soll von euch mein Gatte seyn,
»Als der erschlagne Klaufe hier allein!
»Die Asen all' ruf ich zu Zeugen an,
»Daß ich dem Schwur getreu, den ich gethan!«
Und kaum entfloh Ingvelden dieses Wort,
Erhebt sich Klaufe unversehrt vom Ort,
Der schwer betäubt nur auf dem Boden lag,
Doch nicht getödtet durch Gests mächt'gen Schlag. –
Er spricht vergnügt, als ihm Besinnung kehrt:
»Wer, Gest, hat dich so schwachen Schlag gelehrt?
»Dünkt' ich dir todt? euch allen? – nun, ihr seht,
»Daß Klaufe frisch auf seinen Füßen steht!«
Und sprang empor, und faßt' Ingveldens Hand,
Und weiter spricht er, zu ihr hingewandt:
»Du thatest recht! ja, ruf' den Asen laut,
»Sie seyen Zeugen, daß du meine Braut!
»Dich hat Gewalt gebunden nicht, noch Zwang,
»Du bist mein Weib nach eigner Wünsche Drang!«
»»Das ist Verrath!«« schrien Litolfs Männer laut!

»Bei Odins Stein, sie bleibt doch meine Braut!«[15] Ruft
Klaufe drauf – »vergebens daß ihr tobt,
»Sie hat sich mir durch freien Eid verlobt!
»Entscheide selbst, Held Litolf!« Und der Greis
Tritt zu Ingvelden aus der Seinen Kreis,
Und faßt betrübt der schönen Tochter Hand.
»»Du gabst den Asen deinen Schwur zum Pfand,
»»Und hast du unbedachtsam ihn gethan,
»»Er bleibt, und halten mußt du ihn fortan
»»Auch wider deinen Willen, und so bist
»»Du Klaufe's Weib, der dich gewann durch List!««
Da ward Ingveldens schönes Antlitz bleich,
Und ihre Lippe bebt dem Laube gleich,
Und lächelnd reicht sie Klaufen ihre Hand,
Und bohrt den Blick in seinen unverwandt,
Und spricht: »Wohl! nimm sie hin, sie ist die deine,
»Doch eh' du sie berührst, hör' noch dieß eine:
»Ob ich dir schön auch dünk«, ich rathe dir,
»Besteige nie das Ehebett mit mir!
»Viel besser wär's, du hättest dich vermählt
Der Todesnorn', als daß du mich gewählt;
Denn für die erste kurze Liebesnacht,
Die du an meiner Seite zugebracht,
In deines Weibes Arm, das wisse du,
Gibst du den Morgen und den Tag dazu;
Und nie, ich schwör's bei meiner Maidenehr,
Trägst du nach einer zweiten noch Begehr!« –
Und Klaufe: »Gut, die Sorge bleibe mir,
Ich lehre wohl bald andre Weise dir!« –
Und mit Ingvelden zogen, hoch erfreut,
Die Thorsteinmänner heim aus diesem Streit! –

V.

Wie tief doch legt in jede Kreatur
Der Liebe heiße Sehnsucht die Natur;

---

[15] Liebende schwuren bei Odins Stein.

Wie schuf sie so geheimnißvollen Drang,
Der alle Wesen hält mit süßem Zwang,
Sie alle hören auf ihr hold Gebot;
Was lebt das liebt, und was nicht liebt ist todt.
E« ist kein Männerherz so rauh und wild,
Der Blick der Frauen macht es sanft und mild. –
Und wie die Liebe tief, so tief ist Haß,

Er bleicht der schönsten Wangen Rosen blaß,
So sanft ist nicht die weichste Frauenbrust,
Daß nicht in ihr auch schläft der Rache Lust;
Sie beide, Lieb und Haß, sind hingestellt,
Die starken Achsen der bewegten Welt,
Und unentschieden bleibt's zu dieser Frist,
Ob Lieb, ob Haß der stark're Dränger ist! –

Es hatte Klauf' Ingvelden heimgeführt.
Doch hatte nicht sein Müh'n ihr Herz gerührt,
Was immer sonst auch eine Maid gewinnt,
Ingvelde blieb dem Werber hart gesinnt;
Und als die unwillkommne Brautnacht schwand
Und sie als Weib in Klaufe's Armen fand
Der junge Tag, da rief, als er erwacht,
Dem Gatten sie: »Hoff' keine zweite Nacht
Bei mir zu ruh'n, in Liebe mir gesellt;
Ich bin ein Weib, das seine Schwüre hält!« –
Und wie die Flamme der versagten Lust
Auch glühen mag in ihres Gatten Brust,
Wie er auch strebt, bald bittend in sie dringt,
Bald ganzer Kraft die Sträubende umschlingt,
Ihr Arm stößt ihn mit gleicher Kraft zurück,
Und tiefen Hohn in ihrem grimmen Blick,
Lächelt ihr Mund, der stumm, noch nicht gelacht,
Seit Klaufe sie hatt' in sein Haus gebracht.
So lebt sie hier in böser Ehe Zwang,
Und schweigt, und sinnt auf Klaufe's Untergang!

Und als in ihrer Kammer sie allein,
Schnitt sie der Tafel schlimme Runen[16] ein.
Und dacht' in ihrem Geiste Tag für Tag,
Wie sie nach Gladgaard Botschaft senden mag.
Da hörte sie, es hab' im tiefen Wald
Die Riesin Helge ihren Aufenthalt,
Die mächt'ge Zauber kannt'; und zog vom Haus
Am Tage früh das Weib zu suchen aus,
Daß sie ihr Hülf ersönn', ein rathend Wort,
Wie sie die Runen brächt' gen Gladgaard fort.
Als sie nun eifrig lang auf ödem Weg
War fortgeschritten, führt abseit ein Steg
Zu einer Höhl' in hoher Felsenwand,
Die nicht gesprengt von eines Menschen Hand.
Ein mächt'ger Steinblock lag gelehnt davor
Und schloß den Raum; und vor dem Felsenthor,
Ein grob Gewand geschlungen um den Leib,
Saß auf dem Stein das junge Riesenweib
Und sah mit ernsten Blicken vor sich hin! –
Als sich Ingvelde naht der Zauberin,
Spricht die zu ihr: »Ich weiß was dein Begehr,
Es sey; gib mir die Runentafel her!« –
Und ohne aufzusehn, streckt sie die Hand
Hin nach der Seite, wo Ingvelde stand,
Und nimmt die Schrift; und schweigend wie bisher
Steht sie vom Boden auf, und wie auch schwer,
Hebt sie, als war' ein leicht Geflecht das Thor
Aus Baumgezweigen und aus dünnem Rohr,
Den Felsenblock, der übermächtig groß
Den Eingang in der Riesin Höhle schloß. –

Held Klaufe war am Morgen eh' es tagt',
Einst ausgezogen in den Wald zur Jagd;
Ingvelde saß indeß daheim und spann.
Bald ließ sie ruhn der Spindel Werk, und sann
Im unruhvollen Geist Gedanken viel,
Ob sie erreich', ob nicht ihr dunkles Ziel!

---

[16] Runen, Schriftzeichen.

So saß sie lang, in ihre weiße Hand
Gestützt die düst're Stirne. Sieh, da stand
Plötzlich vor ihr die Jötunstochter da, –
Ingvelb' erbleicht', als sie die Grimme sah;
Die Riesin aber scheltend zu ihr spricht:
»Wie? du erbleichst? du bist Ingvelde nicht,
Nicht Litolfs Tochter bebte so vor mir!
Sey frohen Muths, ich bringe Botschaft dir:
Die Maulwurf' in der Tiefe wühlen gut,
Die grüne Saat sah ich bethaut mit Blut,
Und als ich ging am Seegestade hin,
Heult' es im Rohr; ein Wehrwolf lag darin,
Der röchelte und war in Sterbensnoth;
Es hackt' ein Schwan ihn mit dem Schnabel todt.
Drum nicht gesäumt, Held Litolf harret dein,
Er hofft du kommst, Ingveld' – und nicht allein!« –
Ingvelde sieht zu Boden hin und schweigt,
Ein tiefes Roth ihr in das Antlitz steigt! –
Und während sie noch sinnt, ist Helge fort;
Wie ungesehn sie kam, ging sie vom Ort!
Und Jene staunend sinnt, wie sie entschwand
Vor ihrem Aug' vom Platze wo sie stand,
Dem Nebel gleich, der, wenn der Tag ersteht,
Beim Morgenhauch in leichte Luft verweht.

Am Abend war Held Klaufe heimgekehrt
Und ruht' am Mahl; und als er Meth begehrt,
Reicht' ihm Ingvelde das gefüllte Horn
Und Klaufe trinkt. »Das ist der rechte Born« –
So ruft er aus – »das frischt der Helden Blut!«
Und faßt Ingveldens Hand mit lust'gem Muth,
Blickt mit erglühten Augen hin auf sie,
Und zieht die Sträubende zu sich auf's Knie.
»Wie ist so schön und herrlich doch dein Leib,
Beim Asathor, du bist das schönste Weib!
»Gib auf den Groll, den du bis jetzt gehegt,
Und sey mein Weib, wie Weib dem Manne pflegt!« –
Und drauf Ingveld, indem sie seiner Hand
Die ihrige, die er gefaßt, entwand:

»Niemals geschieht, was du begehrst, fürwahr,
Und lebten wir zusammen zwanzig Jahr!
Ich ward dein Weib, weil ich den Schwur gethan,
Doch keine Gunst erzeig' ich dir fortan.
Wie sollt' ich wohl in deinen Armen ruhn,
Eh du gesühnt dein ungerechtes Thun?
Ich bin ein Weib, so denk' ich, das wohl werth,
Daß der auch Brautschatz zahlt, der mein begehrt;
Du stahlest aus dem Frauenbuer mich fort,
Und zahltest nichts von deinem reichen Hort.
Auch soll den Gatten, dem ich mich vereint,
Nicht Litolf achten seinen ärgsten Feind,
Soll es geschehn, wenn meine Seele bangt,
Daß meinen Kuß dein heißer Mund verlangt?
Niemals! – Doch bist du wirklich so gesinnt,
Scheint werth dein Weib dir, daß ein Held sie minnt,
So hör' ein Wort: zieh erst nach Litolfs Haus,
Und söhne dich mit meinem Vater aus;
Und wenn gefriedet ist der alte Streit,
Dann sprich von Minne mir, dann ist es Zeit!«
Als Klauf' im Geiste dacht' der Rede nach,
Fand er gerecht Ingveldens Wort und sprach:
»Wohlan, so sey es denn wie du gesagt,
Laß uns gen Gladgaard morgen, wenn es tagt!
Und daß du fühlst wie viel es besser sey,
Wenn Eins ist Mann und Weib, nicht fürder Zwei, –
Sieh dieß Geschmeide hier von seltnem Stein,
Das Thorstein mir geschenkt, nimm, es sey dein!« –
Und jenen Lichtstein, Litolf einst entwandt,
Legt er vergnügt Ingvelden in die Hand.
Und wie sie ihn betrachtet und erkennt,
Sein Blitzgefunkel vor dem Aug' ihr brennt,
Spricht sie voll Ingrimm still: »Bei Odins Strahl,
Es hat ein Thorstein nichts, was er nicht stahl!« –
Und wie es graut, springt Klauf' empor und geht
Zum nahen Zwinger wo sein Wagen steht,
Holt aus dem Stall die Gäule eigner Zucht,
Von starkem Bau, vier Renner oft versucht.
Drauf füllt er eine mächt'ge Truhe voll

Mit reichem Gut, das Litolf haben soll.
So stark er ist, wird sie ihm fast zu schwer,
Und kaum erhebt er sie; und drüber her
Deckt er ein Bärenfell, zottig und weit,
Und ruft Ingvelden als die Fahrt bereit.
Die tritt heraus, strahlend wie Nordlichtschein,
Und schwingt sich in den Wagen rasch hinein;
Und spricht: »Nun, Klaufe, mach' die Geißel auf,
Und laß die Rosse gehn in vollem Lauf;
Dir steht, ich hoff's, ein lust'ger Tag bevor,
Wenn dein Gespann erst hält vor Gladgaards Thor!« –
So wird der Wunsch des Herzens ihr gewährt,
Den rachedurstig ihre Seele nährt! –
Hin flogen Roß und Wagen, Klaufe's Brust
Ist freudenvoll und glüht in neuer Lust;
Bald hofft versöhnt, die Feindschaft abgethan,
Ingvelden er in Liebe zu umfahn;
Und reichen Malschatz, wie es Ziem und Brauch,
Bringt für die Tochter er dem Vater auch.
Oft blickt er freudig auf sie hin und spricht:
»Wie leuchten deine Augen doch so licht;
Mich zehrt Verlangen auf nach deiner Huld!« –
Und drauf Ingvelde: »»Klaufe, nur Geduld!«« –

Die Geißel treibt die flücht'gen Pferde an,
Und ungestüm jagt fort das Viergespann,
Durch Buchenwald, durch Feld und Wiesengrün,
Wo weißer Klee und rothe Heiden blüh'n!
Und stumm und düster fährt Ingvelde hin,
Doch fliegt ihr Busen, denn in ihrem Sinn
Denkt sie, wie Klaufe, frischen Lebens voll,
Den nächsten Tag nicht fürder sehen soll,
Und durch ihr Antlitz zuckt ein flücht'ges Grau'n,
Und hehr und schrecklich ist sie anzuschau'n,
Wie die Walküren, die in blut'ger Schlacht
Die Männer tilgen mit des Eisens Macht! –
Bald wird ein furchtbar Blutgericht geübt,
Doch keine Vorschau Klaufe's Seele trübt;
Der, frohen Muthes, jagt nach Gladgaard fort,

Und ahnet nicht was ihn erwarte dort!
»Wie – spricht er – dünkt mich heut der Weg so weit,
Verlangen dehnt noch eins so lang die Zeit.
O käm' die Nacht und ging der Tag zur Rast!«
Und drauf Ingvelde: »Ei, wie große Hast!«
Doch wie die Zeit auch langsam Klaufen schleicht,
Ist dennoch bald der Reise Ziel erreicht!
Schon kann man fern das Haus von Gladgaard sehn,
Den weißen Rauch in blauer Luft sich drehn;
Und bald steigt Staub am Wege wirbelnd auf,
Und Reiter kommen an im vollen Lauf;
Held Lilolf ist's, der in der Seinen Mitt'
Entgegen seinem Schwiegersohne ritt!

Da ruft Ingvelde: »Halte dein Gespann!
Mein Vater kommt! Hei, wie noch frisch der Mann!«
Und Klaufe drauf: »Warum sind sie bewehrt?«
»Ei nun, mein Vater zeigt, daß er dich ehrt!« –
Er springt herab, und wie er springt, entwand
Sie schnell der Rosse Zügel seiner Hand,
Der sich noch des Verrathes nicht versah;
Und wie jetzt Litolf und die Männer nah,
Ruft sie mit lauter Stimme fürchterlich:
Nun ist es Zeit, nun Vater räche mich!« –
Und wie der die geschliffne Streitaxt schwingt,
Ein rother Quell aus Klaufe's Halse dringt;
Er sinkt, sein Antlitz Todesbläss' umzieht,
Und grimm sein Blick hin auf Ingvelden sieht.
»So trinkst du denn mein Blut, arglistig Weib!«
»Es ist der Preis für meinen jungen Leib;
Nicht dir war er bestimmt! Ich halte nur
Was dir mein Mund, als du mich raubtest, schwur!«
Schwingt drauf die Geißel, treibt die Rosse an,
Und todt bleibt Klaufe liegen auf dem Plan.

VI.

Bald schwindet Liebenden die kurze Nacht,
Sie scheint ein Jahr, wenn Rache sie durchwacht;

Das Lied der Wonne tönet leicht und hell,
Dunkel der Grabgesang und wild und grell.
Der Arm, der dich mit Lust an's Herz gedrückt,
Derselbe ist's, der jetzt den Stahl gezückt!
Denn wandelbar wechselt des Menschen Sinn,
Und die Gewalt des Blutes reißt ihn hin!
Doch jeder ist der Schmied des eignen Glücks,
Und spinnt sich selbst den Faden des Geschicks.
Ob gut, ob schlimm ist, was die Stunde bringt,
Sein ist die Saat, die aus dem Boden springt! –

So hatte der erzwungnen Ehe Schmach
Gerächt Ingvelde, wie sie es versprach,
Und mitleidlos gesehn den rothen Quell
Des Blutes triefen von der Streitaxt hell;
Und mitleidlos gesehn, wie ihr Gewand
Davon bespritzt und ihre weiße Hand! –
Verlassen, unbestattet, auf dem Feld,
Im Staub des Wegs lag der erschlagne Held;
Weit klafft die Wund', der Sommerfliegen Brut
Umschwärmte zahllos das gestockte Blut;
Kein Thorstein naht sich und kein Klageweib
Scheucht das Gevögel weg von seinem Leib;
Es fliegt begierig schnellen Flugs herbei,
Und füllt die Luft mit hungrigem Geschrei! –
Da naht sich, rollend über's Feld einher,
Ein hölzern Fuhrwerk, ungelenk und schwer;
Die ungeölten Achsen, grob gebaut,
Aus festen Buchenstämmen, knarren laut.
Den Karren aber ziehn den Weg entlang
Zwei schwarze Stiere fort in trägem Gang;
Die, wie sie gehn, den Hals in's Joch gesenkt,
Mit langem Stab die ries'ge Helge lenkt. –
So kommt das Fuhrwerk allgemach heran
Zum Ort wo Klaufe lag und hält dort an.
Helge, dicht vor den Todten hingestellt,
Betrachtet ihn, der bleich liegt und entstellt,
Mit finstern Blicken lang, und faßt ihn drauf,
Hebt angestrengt ihn in den Wagen auf,

Und lenkt, wo noch nicht kund die Blutthat war,
Gen Thorsteins Hof der mächt'gen Stiere Paar,
Die keuchend ziehn den Leichnam, groß und schwer! –
Mit festem Schritt ging Helge nebenher,
Schwenkt ihren Stab und sang den Weg entlang,
Mit lauter Stimm', einsamen Grabgesang.

++++++»Es hört die Liebeseide,
++++++Wenn Zween sich erkoren,
++++++Bar,[17] der die Macht gegeben,
++++++Zu strafen an Leib und Leben
++++++Männer und Frauen, beide,
++++++Wo Eines falsch geschworen! –
++++++Nun liegst du todt vor mir!«

++++++
++++++»Schön sind der Riesen Frauen!
++++++Wenn Gördur[18] ihre Hände
++++++Aufhebt, beginnt zu leuchten
++++++Das Meer und seine feuchten
++++++Wogen; die Lüfte blauen,
++++++Glanz strahlen der Erde Wände! –
++++++Nun liegst du todt vor mir!«

++++++»Ich saß auf weißem Sande
++++++Und wusch mein Haar im Winde;
++++++Es rauschten hoch die Föhren
++++++In stiller Bucht am Strande;
++++++Ein Säuseln wehte linde,
++++++Was kamst du, mich zu stören? –
++++++Nun liegst du todt vor mir!«

---

[17] Bar, eine Asin, die die Eide der Menschen und die Verträge zwischen Männern und Frauen vernahm und die Untreuen bestrafte.

[18] Gördur, eine Bergriesin von ungemeiner Schönheit. Die Tochter Gymers und der Arboda.

++++++»Als Odr[19] zog von dannen,
++++++Als Freya's[20] Haus verlassen,
++++++Da faßte sie ein Bangen,
++++++Über der Asin Wangen
++++++Goldrothe Tropfen rannen;
++++++Sie wollt' in Leid erblassen. –
++++++Nun liegst du todt vor mir!«

++++++»Mein Aug' ist trocken blieben,
++++++Ich bin von stärk'rem Muthe,
++++++Und trotzte meinen Schmerzen;
++++++Gift troff aus meinem Herzen,
++++++Das Qual mir wund gerieben,
++++++Ich dürstete nach Blute. –
++++++Nun liegst du todt vor mir!«

++++++»Du Räuber auf den Wogen,
++++++Du Räuber auf dem Lande,
++++++Bald wird man nach dir fragen!
++++++Wer wohl kann Kunde sagen,
++++++Wo du jetzt hingezogen,
++++++Betrüger, selbst betrogen! –
++++++Nun liegst du todt vor mir!«

++++++»Seekönig, ränkevoller,
++++++Du aller Schiffe Schrecken,
++++++Du schlummerst nicht im Meere,
++++++Die blaue Ran,[21] die hehre,
++++++Wird nicht mit süßem Liede
++++++ Dich auf vom Schlafe wecken! –
++++++Nun liegst du todt vor mir!«

++++++»Odin mit goldnem Helme,
++++++Der vorn im Schlachtgraun reitet,

---

[19] Odr, der Gatte der Asin Freya, die sich über seinen Verlust nicht trösten konnte.

[20] Freya, die vornehmste Asin nach Frigg.

[21] Ran, die Göttin des Meeres.

++++++Nicht wollte dich erkühren,
++++++Noch eine der Walküren!
++++++Du fielst nicht, wo man streitet
++++++Mit Waffen, scharf geschliffen! –
++++++Nun liegst du todt vor mir!«

++++++»Roth blüht die Todeswunde
++++++An deinem weißen Leibe;
++++++Die dankst du einem Weibe!
++++++Dich decke nicht der Rasen,
++++++Nicht Meth nah' deinem Munde
++++++Am Göttertisch der Asen! –
++++++Nun liegst du todt vor mir!«

Am Himmel nieder ging des Mondes Schild,
Und schwarze Nacht bedeckte das Gefild.
Da kam bei Thorsteins Hofe Helge an,
Und hemmt mit kräft'gem Ruf das Stiergespann;
Legt hin den Leichnam am verschlossnen Thor,
Und ziehet weiter, singend wie zuvor.

Zweites Buch.

Ingvelde und Gest.

I.

Ist denn die Welt nur eine Todtenflur,
Ein weites Grab voll Blut und Moder nur?
Doch prangt sie herrlich in der Sonne Gold,
Und Berg und Wald und Wiesen grünen hold;
Und rings umher schließt sie der Edelstein
Des Meers mit hellem Demantspiegel ein!
Wer ist's, der sie vom Kindesschlummer weckt,
Der Freud' und Frieden weg vom Erdball schreckt,
Und keinem Glück vergönnet kurze Rast?
Es ist der Mensch, der ungestüme Gast,
Das ungezähmte Herz in seiner Brust,
Der wilde Trieb, die schrankenlose Lust!

*

Bestattet ruhte Klaufe tief im Grund,
Viel sang zu seinem Ruhm der Skalden Mund;
Und aufgerichtet ward ein Runenstein
Zum Angedenken über sein Gebein.
Auch seine besten Waffen, Axt und Schwert,
Ein edles Roß, das ihm vor andern werth.
Sein Ruder und die Eisenstange gab
Man mit dem Recken in sein frühes Grab,
Daß, wenn er käme in der Todten Land,
Ihm sein Gewaffen und sein Pferd zur Hand,
Er nichts vermisse, was im Leben er
Geführt in Jagd und Schlacht und auf dem Meer,
Und heiter sitz' in der Walhalla Saal,
Und trink' aus goldnem Horn bei Odins Mahl! –
So schlief er dort, indeß, frisch angefacht,
Der Haß auf's Neu' in Thorsteins Haus' erwacht.

Den alten Thorstein nagt' ein tiefer Schmerz,
Und mächt'ger Zorn glüht' in des Greisen Herz;
Nicht kam die Stund' am Tage noch bei Nacht,
Wo er des Enkels nicht mit Leid gedacht;
Wo nicht ein Schwert durch seine Seele fuhr,
Und er nicht Sühnung seinem Geiste schwur.
Und so wie ihn, so den Helmspalter Gries
Und Glasern nie der heiße Wunsch verließ,
Zu sehn, dem grimmen Klaufe zum Entgelt,
Die Leiche Litolfs, blutig und entstellt.

Einst ging Held Thorstein, dem's zu eng im Haus,
Mit Glasern an das Meergestad hinaus;
Sie gingen schweigend durch die Winterflur,
Und ernst wie sie und stumm schien die Natur.
Und wie sie kamen an den weißen Strand,
Da plötzlich still der tapfre Glaser stand
Und starrte vor sich wie im wirren Traum
Mit seinen Blicken in den öden Raum,
Und seine Wangen wurden kalt und weiß.
»Was ist dir, Sohn?« fragt forschend ihn der Greis
Und faßt ihn an der Hand und blickt ihn an. –
Und Glaser drauf mit Schauder so begann:
»»Mir war, wie ich empor die Augen schlug
»»Und sinnend schaut' der Wolken schnellen Flug,
»»Als schaut' ich Klaufe durch die Lüfte hin
»»Hoch über uns, auf grauem Pferde ziehn,
»»Und hinter ihm ein Schlitten, der im Flug
»»Uns, dich und mich rasch durch die Wolken trug!«« –
Darauf der Greis: »Ich seh', ich irrte mich;
»Von festerem Stahl geschmiedet hielt ich dich!
»Indeß dir frisch noch blüht die Jugendzeit
»Hat lang' mein Haupt das Alter weiß beschneit;
»Doch trag' ich« aufrecht, ungebeugt und stark,
»Und nie durchdrang die Furcht mein Heldenmark!
»Ich sah, wie du, hoch in den Wolken hin
»Auf Klaufe's Schlitten uns die Luft durchziehn,
»Voran ihn selbst auf grauem Pferde gehn;
»Das Alles hab' ich so wie du gesehn –

»Doch ward darum nicht meine Wange bleich,
»Und deines Vaters Farbe blieb sich gleich.
»Ist dir's so fremd? Sahst du nie auf dem Meer
»Noch Todte schiffen – durch die Luft einher
»Sie reiten? Nie erbeben ihrem Tritt
»Der Erde Kern, wenn sie ihr Fuß beschritt?
»Liegt auch ihr Leib in tiefer Grabeshaft,
»Es schweift ihr Geist auf irrer Wanderschaft;
»Stößt auf den Deckel von der Todtentruh'
»Und streift von sich die Binden müder Ruh!
»So Klaufe auch! Blutrache heischt sein Geist,
»Die Pflicht ist unser, mir und dir zumeist!« –
Und Glaser: »»Ja. so ist's, wie du gesagt;
»»'S ist Klaufe, der des Zögerns Grund erfragt.
»»Wohlan! nicht zweimal soll der Tag vergehn,
»»Und Litolf soll er todt im Staube sehn!«« –

Indeß *die* manche lange Nacht durchwacht,
Nur Klaufe's Mord zu rächen stets bedacht,
War mit Ingvelden jetzt an Gladgaards Herd
Die lang verschollne Lust zurückgekehrt.
So war es stets. War Leid in Gladgaards Haus,
Steckten die Thorstein Freudenzeichen aus;
Und wenn von dort der heitre Muth entfloh,
Wurden die Herzen erst in Gladgaard froh!
Ingveld' allein blieb sinnend wie zuvor,
Und glich dem Mond im lichten Wolkenflor,
Dem Meer, deß äußrer Spiegel unbewegt,
Wie oft im Grund die Wogen auch erregt;
Nicht wurde was ihr Inn'res dachte kund,
Denn selten sprach ein Wort der ernste Mund.
Nur aus den Augen strahlt' ein hell'rer Glanz,
Wie eine Quell im dunklen Waldeskranz! –
Da eines Tags zu fragen Gest begann:
»Was ist dir, Tochter Litolfs, sag' mir an,
»Hast du doch sonst der Seele tiefsten Laut
»Der festen Truhe meiner Brust vertraut;
»Und was du dachtest in des Herzens Rath,
»Mir ward ein Antheil, eh' es ward zur That!« –

Da faßt' Ingvelde schweigend seine Hand,
Und wie sie lang den Blick auf ihn gewandt,
Ward trüb und trüber ihres Auges Glanz,
Wie endlich sich der blaue Himmel ganz
In Nebel hüllt, und aus den Wolken dicht
Der lang verhaltne Regen niederbricht!
Dann ließ sie los die Hand, die sie gefaßt,
Und ging in's Haus in ungewohnter Hast.
Vor seiner Thüre auf der Bank von Stein
Saß Litolf in der Dämm'rung Stund' allein;
Da trat Ingvelde bittend vor ihn hin
Und sprach: »Gefällt's, o Vater! deinem Sinn,
»Laß uns in dein entfernt' Gehöfte gehn;
»Die Stuten möcht' ich und die Heerden sehn!
»Auch wenn es dir genehm ist, blieb' ich gern
»Für kurze Frist mit dir von Gladgaard fern.
»Sieh', mein Gemüth ist unruhvoll, und Streit
»Füllt meine Brust, noch ist mir Friede weit;
»Mir ist zu nah' die Stelle, blutbethaut,
»Wo Klaufen du erschlugst, vor der mir graut!
»So oft ich hingeblickt, hab' ich gesehn
»Ihn mit der Wund' am weißen Halse stehn!« –
Und Litolf drauf: »»Mein Kind, wie thät' ich nicht
»»Was du verlangst!«' – Und drauf die Tochter spricht:
»Doch Eines noch: laß Gest zurück, daß leer
»Und schirmlos bis zu unsrer Wiederkehr
»Das Haus nicht bleibe vor der Thorstein Macht;
»Bleibt Gest zurück, so ist es wohl bewacht!«

Und als der Morgen graute, rollt' von dort
Der Wagen Litolfs mit Ingvelden fort.

II.

Obgleich das Leben gährte trüb und wild,
Vom Kampf in der Natur ein treues Bild,
Der freie Trieb sich ungestört erging,
Und das Gesetz nicht Kette war, nur Ring,
Stand in dem klaren Sinn der Menschen doch

Vor allen andern eine Tugend hoch:
Die feste Treu', die unerschüttert bleibt,
Der Klippe gleich, an die die Meerfluth treibt!

*

Nach Gladgaard auszuziehn zu neuem Streit
Macht Glaser mit den Seinen sich bereit;
Schon steht in Thorsteins Hof die rüst'ge Schaar,
Und noch hat Gest nicht Kunde der Gefahr;
Doch soll nicht Mind'res sühnen Klaufens Tod
Als Litolfs Blut. Ingvelde aber, droht
Held Glaser, werde weit von Nordlands Strand
Verkauft als Sklavin in ein fremdes Land. –
Und zu den Streitern, eh' sie ziehn vom Ort,
Spricht Thorstein jetzt: »Ihr Männer, hört mein Wort!
»Ihr geht zum Ernst und nicht zur Kurzweil aus,
»Nicht wie die Geister thun in Odins Haus!
»Die rücken, wenn das Tageslicht erwacht,
»Mit scharfgeschliffnen Waffen früh zur Schlacht,
»Und wer im Kampf erschlagen niedersinkt,
»Der steht am Abend wieder auf und trinkt
»Bier, das im Goldkrug die Walküre schenkt,
»Und keiner seiner Wunden mehr gedenkt.
»Ihr aber athmet, lebt, habt Fleisch und Blut,
»Seyd Schemen nicht – drum, wenn ihr haut, haut gut,
»Daß der, den einmal eure Streitaxt traf,
»Nicht wieder aufsteh' aus dem tiefen Schlaf!« –
Und Alle fanden recht was Thorstein sprach.
Drauf zogen sie hinaus, und ihnen nach
Blickt lang' der Greis und fühlt sein Herz erglühn,
Daß sie so muthig gingen und so kühn! –

*

Und fern zu Gladgaard einsam weilte Gest
Und macht der Thore Balkenriegel fest;
Ein grau Gewölke hing am Himmel schwer,
Und kalter Wind blies scharf aus Norden her.

Da flammt er mächt'ge Föhrenscheite an,
Und als die Gluth zu lodern frisch begann,
Schob er die Bank hinzu und blickt hinein
Gedankenvoll in den bewegten Schein;
Und manch ein Bild, Gestalten allerlei
Gingen im Geist an seinem Blick vorbei.
Da hört er Lärm, der immer näher dringt,
Verworrne Stimmen, Waffenklirr'n – Er springt
Empor vom Sitz; schon krachet auf das Thor,
Und Glaser und die Seinen dringen vor;
Und bald, umringt vom Schwarm, steht Gest bedroht
Von zwanzig Schwertern mit gewissem Tod!
»Sprich, wo ist Litolf – wo Ingvelde – wo?
»Wenn nicht, brennt schnell das Haus in heller Loh',
»Und nichts soll bald von ihnen übrig seyn
»Als von der Gluth gebleicht ihr weiß Gebein!« –

*

So schrei'n die Männer wild, doch furchtlos steht
Inmitten Gest, und ruhig spricht er: »Geht
»Und sucht sie auf; vielleicht daß euch's gelingt
»Und ihr dorthin, wo sie verborgen, dringt!« –
Und durch das Haus und in dem Frauenbuur
Suchen die Männer rings; doch keine Spur
Sich von Ingvelden noch von Litolf zeigt.
Gest aber steht entschlossen da und schweigt;
Da spricht zu ihm Held Glaser zornentbrannt,
Das lange Schwert gezückt in seiner Hand:
»Gest, hör' ein Wort! Du bist Held Litolfs Knecht,
»Ihm nicht verwandt von Blut noch von Geschlecht;
»Drum sprich die Wahrheit und du trägst zum Lohn
»Ein reiches Eigen, Gut und Land davon;
»Dann theilen wir uns Litolfs Habe, dein
»Gemessnes Theil soll gleich dem meinen seyn,
»Und sitzen sollst du von derselben Stund',
»Ein freier Mann wie wir, auf deinem Grund!
»Doch wenn du starr und feindgesinnt dich zeigst
»Und uns wo sie verborgen sind verschweigst,

»Sollst du mir langsam unter grauser Qual
»Hinsterben, einmal nicht, nein hundertmal;
»Und sollst zu taubem Ohr in deiner Noth
»Vergebens fiehn um einen schnellen Tod!«
Und unerschrocken Gest: »»So säume nicht
»»Und thue wie dein Mund zu thun verspricht!
»»Daß ihr mich zwingt, ihr Recken, leicht mag's seyn,
»»Denn ihr seyd zwanzig und ich bin allein;
»»Doch allesammt seyd ihr nicht stark genug,
»»Um meine Treu' zu wandeln in Betrug.
»»Meint ihr, ich sey so jämmerlich gesinnt,
»»Daß mich der Geiz nach Geld und Gut gewinnt?
»»Ein Kind fand einen Platz ich hier am Herd,
»»Und Litolf hielt wie einen Sohn mich werth;
»»Drum hoffet nicht, und ob auch Glied für Glied
»»Ein scharfes Schwert von meinem Leibe schieb,
»»Es thue je mein fest verschlossner Mund
»»Die Antwort euch auf eure Frage kund!«« –
»Wohlan, wir wollen sehn, ob wohl noch lang
»In diesem Ton erklinge dein Gesang,« –
Spricht Glaser – und die Männer binden Gest
An einen Gaul mit starken Riemen fest,
Und schleifen ihn am Boden mit sich fort,
Als unerreichten Zieles sie von dort
Im raschen Lauf der Pferde heimwärts ziehn.

Auf rauhem Boden schleppt sein Körper hin,
Daß Haut und Fleisch zerrissen niederhängt
An Steinen und Gesträuch, und roth besprengt
Sich, wo sie ritten, wie ein purpurn Band
Die blut'ge Fährte hin am Boden wand. –
In tiefen Athemzügen, schwer und bang,
Mit letzter Kraft, die mit dem Tode rang,
Keucht Gest empor; sein Antlitz kalt und bleich,
Die Augen starr und einer Leiche gleich!
Da frägt ihn Glaser: »Willst du reden, Gest,
»Wie, oder steht auch jetzt dein Muth noch fest?
»Dir bleiben nicht der Augenblicke viel,
»Und nah' gesteckt ist dir des Lebens Ziel;

»Denn nicht lös't diese Riemen meine Hand,
»Bis du gelöset deiner Zunge Band!« –
Und Gest darauf mit schwacher Stimme spricht:
»»Was frägst du mich, ich bat um Mitleid nicht!««
Da knirschte Glaser, und im raschen Flug
Der Rosse immer weiter ritt der Zug,
Bis er genaht dem Ort der Ueberfahrt,
Wo Olaf einst der Fähre Amt gewahrt.

Das Fergenhaus, das lange hier am Strand
Des tiefen Stroms öd' und verlassen stand
Und das die Fluth allmählig unterwühlt,
Zerfallen war's und fast hinweggespült.
Ein Haufe morscher Trümmer nur erhob
Vom Erddamm sich wo's stand eh' es zerstob.
Dort saß im Dunkel ein unheimlich Paar;
Ein Mann, wie Olaf einst im Leben war,
Und neben ihm, gebeugten Haupts, ein Weib!
Die hatten wenig Sorg' um ihren Leib
Und nicht des Schneesturms, der indeß erwacht;
Sie saßen regungslos und hatten Acht
Wohl eher auf der nah'nden Pferde Tritt
Und auf den Trupp, der heut vorüber ritt;
Denn wie der Haufe naht im raschen Lauf,
Stehn jene Zween von ihrem Hügel auf,
Und immer höher in der Wolken Grau
Hebt sich, so scheint es, ihrer Glieder Bau.
Es bäumen wild die Ross und schnauben laut,
Und ob der Reiter spornt, die Geißel haut,
Nichts treibt sie weiter! Wie das Laub am Baum
Beben sie angstvoll, weiß bedeckt mit Schaum;
Und wie das Paar jetzt aus die Arme streckt,
Da jählings, wie von Bremsen aufgeschreckt,
Flieh'n sie zerstreut, rechts hin und links; nicht wehrt
Zaum und Gebiß! G'rad aber rennt das Pferd,
Dran Gest gebunden hängt, dem Strome zu;
Und wie's zum mächt'gen Sprung anhebt – im Nu,
Als hätt' ein Blitz getroffen es im Lauf,
Stürzt's leblos hin und nicht mehr steht es auf! –

Am Ort wo Norf einst stieg in Olafs Boot,
Dort lag jetzt Gest, ohnmächtig – doch nicht todt.

III.

Wer, wenn des Morgens er vom Lager springt,
Weiß was der Tag ihm bis zum Abend bringt;
Ob, wenn er ausgeht, ihm auf seinem Pfad
Das Glück begegnet, ob ihm Unglück naht?
Denn oft jagt wer nach Ruhm und findet Schmach,
Der, gierig, läuft dem Schein des Goldes nach,
Der sucht die Braut, lieblich und jugendroth.
Streckt aus die Arm' und ihn umhalst der Tod!
So jeder, was er zu erhaschen strebt,
Wenn er's zu haben meint – ist es entschwebt!
Und wieder: wer sich ganz verlassen meint
Vom Glück, und dem kein Hoffnungsstrahl erscheint,
Schnell treibt in frischem Grün, ihm dünkt's ein Traum,
Kron' und Gezweig am dürren Lebensbaum.

*

In Todesschlummer hielten starr und bang
Den treuen Gest der Ohnmacht Schauer lang;
Doch wie ihn kühlt die frische Morgenluft,
Ringt aus der Brust sich wie aus tiefer Gruft
Von Zeit zu Zeit ein Schmerzenslaut empor;
Sonst liegt er regungslos so wie zuvor.
Es ist der Geist in fernen Räumen aus,
Und leer gelassen steht des Körpers Haus! –
Da, raschen Laufes, kömmt ein Roßgespann
Daher gejagt am User jenseits an.
Die hin und her Gests Vater oft gewandt,
Die Fähre, nun von einer andern Hand
Gesteuert, nimmt schnell Ross' und Wagen auf
Und setzt das Fuhrwerk über und Die drauf.
's ist Litolf und Ingvelde, die gekehrt
Von dem Gehöfte heim zu Gladgaards Heerd.
Als sie gestiegen diesseits an das Land

Und das Gefährte wieder angespannt,
Litolf die Zügel faßt und auf den Tritt
Des Wagens eben jetzt Ingvelde schritt –
Da wieder stöhnet, mächt'ger als zuvor
Und lauter, Gest aus kranker Brust hervor.
»Was stöhnt und wimmert auf dem Boden hier?«
Ruft Litolf aus – »ein Sterbender, dünkt mir!«
Und bindet seiner Pferde Zügel fest
Zunächst am Baum. »Beim Odin, es ist Gest!«
Laut schreit Ingveld empor, als sie's gehört,
Und hin stürzt sie zu Gest, bleich und verstört.
Der liegt in seinem Blut unkenntlich fast.
»Schöpf' Wasser aus dem Fluß!« ruft sie in Hast
Und hält sein Haupt empor in ihrem Arm,
Auf den Gests Blut hinströmet roth und warm;
Und ihre Hand auf seine Brust gelegt
Sucht sie sein Herz und fühlt ob es noch schlägt.
»Noch lebt er!« ruft sie freudig. Litolf jetzt
Bringt Wasser in der Lederhaub' und netzt
Dem Wunden Schlaf' und Antlitz und gemach
Kehrt ihm das Leben und der Geist wird wach.
Er schlägt die Augen auf und heftet fest
Sie auf Ingvelden unverwandt. »O Gest!«
Ruft sie – da glänzt Antwort in seinem Blick,
Denn noch kam ihm die Sprache nicht zurück. –
Mit Mühe heben Litolf und Ingveld'
Ihn auf den Wagen, der auf ebnem Feld
Gen Gladgaard kehrt. Mit kund'gem Sinn verband
Die Wunde dort Ingveldens weiße Hand,
Träuft Balsam drauf und Balsam auf sein Herz,
Und sänftigt bald und stillt jedweden Schmerz;
Und nimmer fühlte Gest als er gefund
So frischen Herzensschlag als seit er wund.

Wohl war's ein selig Strömen her und hin
Von Aug' zu Aug', von Herz zu Herz, von Sinn
Zu Sinn! Ein Leuchten wunderbar
Strahlt' aus Ingveldens Blicken, tief und klar;
Von duft'gem Rosenschimmer schien umwallt

Der edlen Glieder hehre Wohlgestalt,
Und um den Nornenmund, sonst streng und wild,
Schwebt jetzt ein süßes Kindeslächeln mild.
Bald sind Gests Wunden heil, und wieder schafft
Wie sonst im Haus er, ungeschwächter Kraft;
Und eines Abends an des Herdes Schein
Sitzen Litolf, Ingveld' und Er zu drei'n;
Da spricht Held Litolf: »Hört was ich bedacht,
»Ingveld' und Gest, und nehmt mein Wort in Acht;
»Ich weiß, bald geh' ich meinen letzten Gang;
»Schon hör' ich der Walküren Becherklang,
»Und will es Odin, in Walhallas Saal
»Sitz' ich am goldnen Tische bald beim Mahl,
»Und mit den Thorsteins in der Geister Haus
»Fecht' täglich ich die alten Fehden aus.
»Sie mögen kommen allesammt! Wohlan,
»Der ries'ge Klaufe auch – er soll mir nahn!
»Daß ich nun scheiden möge sorgenfrei,
»Ob früh ob spät das Ziel gesteckt mir sey,
»Will ich zuvor vermählt dich, Tochter, sehn;
»Dann, kommt die Stunde, kann ich ruhig gehn!
»Gest, nimm sie hin! Du hast dich treu bewährt
»Und mir vergolten, daß ich dich genährt
»Und dich erzog wie meinen eignen Sohn;
»Vor keinem Thorstein: bist du je geflohn,
»Du bist ein Held, still und von zähem Muth,
»Und nicht gekargt hast du mit deinem Blut.
»Dich schreckt der Schmerz so wenig als das Grab;
»Die eigne Zunge bissest du dir ab
»Und spieest sie dem Feind stolz in's Gesicht,
»Eh' einen Laut sie des Verrathes spricht.
»Ich kenne Keinen, werth, mein Kind zu frei'n
»Wie dich! Nun denn – du sollst mein Eidam seyn!
»Und frei von heute bist du, und mit ihr
»Gehört mein Gut und meine Habe dir!« –
So sprach der Greis und ging, und ließ allein
Gest und Ingvelden bei des Herbes Schein.

Ein glühend Roth die Wange Gests belebt;
»Ingvelde!« ruft er, und die Stimme bebt –
»Hast du's gehört? Bei Mimers Quelle,[22] sprich,
»Hast du's gehört, hast du's gehört wie ich?
»Dich hat er mir vermählt, dich gab er mir
»Zu eigen, dich – und all sein Gut in dir!
»Und willst du's auch – mein Weib, sprich, willst du's
seyn?
»Bist du mit eignem, frohen Willen mein?
»Ich war dein Diener und dir unterthan
»Und blind vollzog ich, was dein Rath ersann;
»Und jetzt dein Gatte! Und du bist mein Weib,
»Und mein ist deine Seele und dein Leib,
»Und deines stillen Herzens tiefstes Seyn,
»Und deine innersten Gedanken mein!
»Ist deines Vaters Wort kein harter Zwang
»Sprich, bist du mein durch gleicher Wünsche Drang?« –

Da schlingt Ingvelde ihren Arm um Gest
Und preßt den Mann an ihren Busen fest,
Und der sonst Küsse floh, ihr Mund, er drückt
Sich auf den seinen brünstig und entzückt,
Doch bleibt er lautlos und antwortet nicht.
Und Gest entstammt und freudetrunken spricht:
»Liebst du mich? sage! warum schweigt dein Mund?
»Ist Litolfs Wahl dir recht, so thu' mir's kund!« –
Und fester noch drückt an die junge Brust
Ingvelde Gest, und blickt ihn an mit Lust
Und streicht mit ihrer sanften weißen Hand
Ihm über's Antlitz, braun vom Sonnenbrand. –
»»Wo denkst du hin?«« – spricht sie mit frohem Muth –
»»Wie kannst du glauben, Gest, ich sey dir gut!
»»Wie hätt' ich solchem Recken mich vermählt,
»»Mir Einen mit gespaltner Lipp' erwählt?«« –
Und wie sie schalkhaft lächelnd also spricht,
Küßt sie mit neuer Inbrunst sein Gesicht. –
Und Gest: »Nagt nicht dem wilden Eber gleich,

---

[22] Mimers Quell ist der Brunnen, worin Weisheit und Verstand verborgen sind.

»Mein Zahn?« – Ingveld: »»Du bist an Tugend reich!
»»Laß deine Zweifel, Gest, und bleib' in Ruh,
»»Den Spalt der Lippe schließt die Treue zu!
»»Ich blick' nur in dein redlich Angesicht,
»»Und sehe die gespaltne Lippe nicht!
»»Nur wenn du je ein Andrer wärst wie heut,
»»Ein Anderer an Muth und Würdigkeit,
»»Dann, Gest, käm' dir die Spalte bald zurück,
»»Und die jetzt schwand, entdeckte schnell mein
Blick!««
Und Gest, erst noch ein armer niedrer Knecht
Und ohne Erb', aus hörigem Geschlecht,
Erst noch im Blute liegend, todeswund,
Jetzt ist er stark und wie ein Baum gesund;
Und in des ganzen Nordlands weiten Gau'n
Ist jetzt beglückt wie Er kein Mann zu schau'n.

IV.

Was ist das Leben? ein bewegtes Meer:
Die Lieb' ein Eiland, wo die Stürm' umher
Die Flügel schütteln; innen aber blühn
Die Blumenkronen, lacht der Büsche Grün!
Was ist das Leben? ein verkohlter Stern:
Und Liebe, Glanz aus einem Himmel fern,
Der in die öde Brandstatt weit hinein
Wirft seines Lichtes wunderbaren Schein!
Was ist das Leben? ein Verzweiflungssang,
Ein einz'ger lauter, tiefer Schmerzensklang:
Und Lieb' ein jauchzend hohes Lied der Lust,
Ein Wonneruf entzückter Menschenbrust!
Doch liebst du, Herz, bleib mit der Lieb' allein,
Der holde Hort ist nur so lange dein,
Als du ihn fremdem Aug' entzogen hegst
Und Band und Schloß an deine Glückstruh' legst!
Such' auf das fernste, einsamste Revier,
Wo dich nur schaut die Wolke über dir!
Im tiefsten Urwald, wo kein Fußtritt schallt,
Such' deines Glückes süßen Aufenthalt!

Dort, wie der Vogel tief im Laubgesproß,
In dunklen Klüften bau' dein fest Verschloß,
Und einen Felsblock wälz hin an sein Thor
Und einen Drachen leg dem Eingang vor,
Der ferne halte deiner stillen Rast –
Und wär's dein Bruder – jeden Menschengast!
Zieh einen Gluthzaun um dein heimlich Glück
Und scheuche jeden Kommenden zurück.
Nur ihr allein! Der dritte, der sich naht,
Er bringt das Unglück euch und den Verrath! –
Bald bauten sich ein süßes Liebesnest
In Gladgaards Hofe Litolfs Kind und Gest,
Und um das junge neuvermählte Paar
Versammelt war gar bald der Freunde Schaar;
Der Methkrug wieder so wie vormals ging
In Füll' umher in der Bekannten Ring,
Und selten jetzt erschien ein Tag und schwand,
Der nicht zu Gladgaard frohe Gäste fand;
Und wie im Lenz der Baum in frischem Grün,
So schien Held Litolf wieder aufzublühn,
Denn weggescheuchet war, der ihn gedrückt,
Der alte Gram, er fühlt' sich neu beglückt.
Er hatt' erreicht, was ihm zumeist gebrach:
Gerächt an Thorstein war die alte Schmach.
So bräunt' die Flamme froh auf Gladgaards Herd,
An den der frühern Tage Lust gekehrt.
Ingvelde aber strahlte stolz und schön,
Wie voller Sonnenglanz auf Bergeshöhn!
Einst war die Stirne dunkler Wetter Sitz,
Des Auges Strahl aus schwerer Wolk' ein Blitz;
Jetzt glänzt' es feucht, und auf der Stirne lag
Ein süßes Lächeln, hold wie Maientag!
Und wenn der alte Litolf vor ihr saß
Und sah sie an: Entzücken ohne Maß
War dann dem greisen Antlitz aufgedrückt,
Und immer wieder rief er aus beglückt:
»Beim rothe Bart des Thors! wie mächtig gleich
»Und wie sie an gestohlnem Gute reich,
»Ich setz' zur Wette meinen alten Leib,

»Nie sahn die Thorsteins je ein solches Weib!«
Aus Gests verklärten Augen aber brach
Ein sel'ger Glanz, wenn so der Alte sprach,
Und um Ingvelde schlang er seinen Arm;
Sie aber liegt an seinem Busen warm
Und druckt die Rosen ihrer Lippen fest
Auf den gespaltnen Mund dem treuen Gest.
Nichts stört' ihr Glück, und wenn ein Tag entglitt,
Den schönem bracht' der neue Morgen mit.
Nur wenn Ingvelde nach der Stelle sieht,
Wo Klaufe fiel durch Litolfs Art, umzieht
Ernst ihr Gesicht; doch fest und unbewegt
Spricht sie zu Gest: »Siehst du, was dort sich regt?
»'s ist Klaufe, der dort auf der Heide steht;
»Ich seh' ihn oft, wenn er im Mondlicht geht;
»Ich wollt', er blieb' in seinem Grabe fern;
»Ich fürcht' ihn nicht, doch seh' ich ihn nicht gern!« –
Und also war's. Wenn an des Himmels Plan
Der bleiche Vollmond hinzog seine Bahn,
Dann von dem Orte, wo er fiel, hinaus
Wandelte Klaufe Nachts gen Thorsteins Haus,
Und pochte unter seiner Väter Dach
Mit mächt'ger Faust die müden Schläfer wach,
Und zeigte mit der bleichen Todtenhand
An seinem Hals das blutig rothe Band.

V.

Nichts währt den Tag hindurch! Jetzt Sonnenglanz,
Dann düstre Nacht. – Brautkranz und Todtenkranz!
Dort steht die Wiege, hier der Sarg; hier schallt
Der Jubel, während dort ein Klaglied hallt!
Ein alter Spruch: Auf Freude Leid! – Sey, Gast
Der Erde, stets auf beide gleich gefaßt!

*

So ging's in Gladgaards Haus, wo Tag und Nacht
Der Becher rund ging, man am Mahle lacht;

Indeß, wie wenn der Strom das Eis zersprengt
Und frei hinwogt, von keinem Land beengt,
Ingveld' und Gest ein mächt'ger Glück umschlang.
Die frohe Zeit, sie dauerte nicht lang! –
Nicht tönt mehr Becherklang! Gehöft und Flur
War voll Gewaffneter, und manche Spur
Von rothem Blut zog sich den Weg entlang,
Und mancher warme Quell aus Wunden sprang.
Matt an den Mauern angelehnet saß
Umher und an den Bäumen auf dem Gras
Manch starker Nordmann, bleich das Angesicht
Und dunkler Nebel hüllt sein Augenlicht!
Hier legte Einer Salb' und Kräuter auf
Und hemmte so des warmen Blutes Lauf,
Weil ungestillt es dort in Wellen schoß
Und manches Leben mit dem Strom entfloß!

Und in der Halle drinn stand eine Schaar
Von Männern dicht um eine Bretterbahr,
Auf der die Leiche Litolfs lag gestreckt,
Zum Gurt mit einem Bärenfell bedeckt;
Und in der nackten Brust aufklaffte weit,
Unfern dem Herzen, eine Wunde breit!
Am Fuß der Bahre trauernd aber saß
Ingvelde bleich, doch war ihr Aug' nicht naß;
Nein, düster leuchtend blickt' es starr und fest
Auf Litolf hin, und neben ihr stand Gest. –
»Ist Thorstein todt, gewiß und wirklich, todt?«
Rief endlich sie empor, und dunkles Roth
Trat in das bleiche Marmorangesicht,
Wie Nachts die Flamm' aus tiefem Dunkel bricht. –
»»Gleich dürrem Holz zerkrachte seine Stirn,
»»Und noch an meiner Streitaxt hängt sein Hirn.«« –
Als zu Ingvelden Gest *die* Worte spricht,
Da wird ihr düstres Auge wieder licht.
Gemeldet hatte Gest ein *wahres* Wort,
Die gleiche Trauer klagte hier wie dort.
Es war der Tag genaht, wo im Gefecht
Endlich erlosch dieß feindliche Geschlecht;

Und jene alten Kämpen, die die Zeit
Des Lebens hingebracht in grausem Streit,
Wie sie gelebt im Grimm und wilder Wuth,
So lagen sie jetzt beide todt im Blut.
Noch einmal war der Thorstein ganze Macht
Zum Kampf gerückt, durch Klaufe's Geist entfacht;
Es war kein Ringen mehr um Ruhm und Sieg,
Ein Schlachten war's und ein Vertilgungskrieg.
Wohl wußte Litolf, was es heute galt,
Und freut sich deß im Herzen. Ob auch alt,
War ihm der Muth geschwächt nicht in der Brust
Und nicht verleidet noch die Waffenlust.
Wer heut ihn sah, den Vordersten im Feld,
Nicht glauben würd' er, daß ein Greis der Held.
Doch hoch vor allen Andern an Gewalt
Ragt Gest empor und mächtiger Gestalt.
Rasch schritt er vor, die Streitaxt in der Hand,
Auf Glaser zu, den er nicht müßig fand.
Und Glaser rief: »Beim Thor! Wie bist du doch
»Von zäher Art! Lebst du denn wirklich noch?
»Ich meinte, von dem Ritt den du gemacht,
»Sey jedes Bein dir längst im Leib zerkracht!
»Du aber scheinst wie ein zerstückter Aal,
»Der selbst im Topf emporschnellt noch einmal!«
Und Gest darauf: »»Du siehst, noch bin ich hier,
»»Und nicht, ich mein', zur Kurzweil komm' ich dir.
»»Laß sehn, wem Uller Sieg gibt. Wende dich,
»»Laß jene sich bekämpfen und nimm mich.
»»Ich weiß, mein Haupt ist's, das, wie du geprahlt,
»»Für Klaufe's Blut die Zeche dir bezahlt.
»»Ich aber mein', nicht gern sey Klauf' allein,
»»Dich send' ich ihm, er wird mir dankbar seyn!««
Das Wort hört Glaser, der vor Zorn erbebt,
Und hoch empor die schwere Keule hebt;
Doch jener wendet sich zur Seit' und weicht,
Daß durch die Luft umsonst die Waffe streicht,
Und scharfen Blickes, wie ein schneller Aar,
Nimmt Gest geschickt jetzt seinen Vortheil wahr,
Und mit gewalt'gem Hiebe, unverweilt,

Gleich wie der Schlächter, der den Stier zertheilt,
Tief durch die Schulter in die Brust hinein
Haut er die Axt durch Muskeln und Gebein,
Und dem Erschlagnen ruft er höhnend zu:
»Freund Glaser, grüße Klauf' und schlaf' in Ruh'!«

Und wie hier Gest sich Glasern ausersah,
Sucht jeder seinen Mann, und fern und nah
War laut Geschrei, Getümmel, floß das Blut.
Thorstein und Litolf aber sprachen Muth
Den ihren zu. Da blickt sich Thorstein um,
Und wie sein Auge schweift im Feld herum,
Sieht er, wie von des Gegners Hand besiegt
Der tapfre Glaser dort im Kampf erliegt;
Sieht, wie Gests Streitaxt auf ihn nieder blitzt
Und Glasers Blut in rothem Bogen spritzt.
Wie ein gereizter Löwe brüllt er laut,
Wie er den Sohn zum Tod getroffen schaut.
Das lange Schwert geschwungen, eilt der Held
Mit raschem Schritt zornschnaubend durch das Feld.
Da tritt ihn Litolf an und spricht mit Hohn:
»Was, Thorstein, eilst du so vor mir davon?
»Umsonst, du kommst zu spät! Glasern zu sehn
»Lebendig noch, mußtest du schneller gehn;
»Du Räuber, der was er erblickte stahl,
»Gold, Jungfrau'n, Gäule, ja den Krug beim Mahl.
»Schon meintest du, du seyst der Herr im Land
»Und Niemand halte einem Thorstein Stand;
»Ich aber sage dir, gekommen ist
»Mit dieser Sonne deine Zahlungsfrist!
»Sieh, alter Wolf, sieh, deine grimme Brut,
»Dort liegt sie todt! Wir lachen deiner Wuth!« –
»»Du kommst mir recht!«« kreischt als er ihn erblickt
Thorstein, deß Stimme Zorneskrampf erstickt.
Ob ihre Jugend hingeschwunden war,
Nicht säumt zu kämpfen jetzt das greise Paar;
Und stark genug noch schien es und die Kraft
In ihren alten Armen nicht erschlafft.
Des Thorsteins Schwert in lichten Funken stob

Und leicht wie Rohr Litolf die Streitaxt hob.
Schon droht sein Hieb; doch wie den Arm er schwang,
Stößt in den Leib die Klinge breit und lang
Ihm Thorstein; doch bevor noch Litolf fällt,
Auch schon Gests Hieb des Thorsteins Schädel spält;
Und beide taumeln hin von Nacht bedeckt.
Da ruhen nun selbander hingestreckt,
Die bittrer Haß ihr Lebenlang getrennt
Und die sich zu ermorden wild entbrennt,
Gleich wie in sanften Schlummer hingeschmiegt
Ein Bruder friedlich bei dem andern liegt.
Als so die beiden Greise dort zugleich
Mit Glasern gingen in der Todten Reich,
War zwar der Krieg für jetzt in Gladgaards Haus
So wie in Thorsteins öden Mauern aus;
Doch kehrte nicht die Ruh' und noch nicht schlief
Held Klaufe's Geist, ob auch im Grabe tief.
Es trug Ingvelden nie nach jenem Ort
Des Mords der Fuß, daß sie nicht Klaufe dort,
Wo sich gen Gladgaard hin das Fahrgleis wand,
Gleich einer Säul' am Wege stehend fand;
Und lag des Nachts sie auf dem Lager fest
Und ruhig eingeschlummert neben Gest,
Fuhr sie erschreckt schnell aus dem Schlaf empor
Und rief: »Gest, Gest! Wer klopft an unser Thor?«
Und wenn sie aufblickt', sah im Mondenschein
Das Antlitz Klaufe's bleich zu ihr herein;
Zu ihr allein! Denn niemals – sonderbar! –
Nahm Gest zugleich das blut'ge Schemen wahr! –
Da eines Tages sprach zu ihrem Mann
Ingvelde so: »Geliebter! hör' mich an,
»Nicht länger trag' ich's, daß mich Klaufe's Geist,
»Wohin ich blicke, ruhelos umkreist;
»Ich fürcht' ihn nicht, doch mag ich ihn nicht sehn;
»Schon sagt' ich dir's! Laß uns von hinnen gehn!
»Du weißt es, Gest, gesegnet ist mein Leib;
»Wenn ich nun hier bis zu der Stunde bleib',
»Ich hier des Kinds genese, wo so nah
»Der grimme Klaufe, – Sorg' erfüllt mich da,

»Er thu' ein Leid an meinem jungen Kind,
»Er mach' es krank an Gliedern ober blind;
»Denn wohl zu kennen ist es, was ihn treibt,
»Daß er wie Andre nicht im Grabe bleibt.
»Auf Rache sinnt er und läßt Odins Haus,
»Und geht, ein Schemen, in die Nacht hinaus,
»Und wird nicht eher still im Grabe ruhn,
»Bis ihm gelang ein Unheil mir zu thun! –
»Drum höre meinen Rath: Laß fort uns ziehn
»Von hier für immer; nach der Küste hin,
»Wo sich am Meere dehnt der weite Strand
»Und schöner Wald und gutes Ackerland.
»Die reichen Heerden treiben wir von hier,
»Und alle andre Habe nimm mit dir;
»So bauen wir, von Klaufe's Grabe weit,
»Ein neues Haus uns auf in kurzer Zeit;
»Und fern von hier kann ich dann ruhig gehn,
»Und brauche nicht sein bleich Gesicht zu sehn!« –
»»So sey es wie du sagst!«« – sprach Gest – »»die Welt
»»Ist groß, und blau allwärts das Wolkenzelt.
»»Auch ich bin hier nicht williger als du,
»»Und, satt der Kämpfe, sehn' ich mich nach Ruh,
»»Und statt dem Schwertklang, der in's Ohr mir dringt,
»»Daß deine Stimm' ein Kind in Schlummer singt!«« –

Nicht lange mehr, da zogen sie von dort
In eine ferne, fremde Gegend fort.

Drittes Buch.

Bran der Tölpel.

I.

Wo liegt so still und einsam wohl ein Ort,
An welchem Strand der ungeahnte Port,
Wo liegt, o sagt es, wo, in welchem Meer,
Das Eiland mit dem Wogengurt umher,
Wo jene Alpenzinke, mächtig hoch,
Unwegsam, ew'ger Schnee auf ihrem Joch –
Daß nicht des Schicksals Aug' euch dort erspürt,
Daß nicht dahin sein dunkler Nachen führt?
Wo ist der Ort, wo's euch nicht folgt, nicht sucht
Und nicht erreicht auf eurer scheuen Flucht?

*

Es lebten fern der Heimath nun am Meer
Gest und Ingvelde. Gladgaards Haus stand leer.
Sie lebten still in ungetrübtem Glück,
Und dachten ungern nur daran zurück.
Ein neues Haus und ein Gehöft entstand,
Erbaut in schöner, grüner Bucht am Strand,
Und fruchtbar Land durchschnitt der scharfe Pflug,
Und Knecht' und Heerden hatten sie genug.
Ein jeder Wunsch des Herzens war erfüllt,
Der Ehe Glück von keiner Wolk' umhüllt!
Es kam der Lenz mit seinen Wonnen an,
Mit neuem grünem Schmucke angethan,
Und wenn im Grund die süßen Blumen wach
Und auf das Heer der sammtnen Knospen brach,
Entwand sich auch mit dem erneuten Jahr
Ein Menschenknöspchen wie ein Röslein klar
Ingveldens Schooß! – So spielt' zu ihrer Lust
Ein Knabe schon; der zweit' an ihrer Brust
Sah noch bewußtlos in den klaren Schein

Des Himmels und des Mutterblicks hinein! –
Kein Wunsch trübt' in Ingveldens Herzen mehr
Den süßen Liebesfrieden um sie her;
Sie selbst war sanft und mild und unterthan
Dem Willen Gests, und nur, wenn er begann
Ein Wort zum Frieden mit der Thorstein Haus,
Flammt' ihr Gesicht und eifernd rief sie aus:
»Nicht solchen Rath! Leicht dürft' es sonst geschehn,
»Ich möcht' den Spalt in deiner Lippe sehn!« –
So fließt der Jahre Wechsel still dahin,
Und kaum sehn die Beglückten, daß sie fliehn.
Und ob auch wohl, den Blick zum Grund gesenkt,
Ingvelde manchmal Klaufe's noch gedenkt,
Gefolgt ist ihr sein Schatten nicht hieher.
Nur einmal sah sie ihn auf offnem Meer
Hinfahren, wie hoch auf des Schiffes Rand
Er, seinen Blick auf sie gerichtet, stand;
Indeß das Schiff durch's strudelnde Gewog'
Fort wie ein Pfeil in Windessäuseln flog! –

Und wie jetzt Gladgaard öd' und ohne Herrn,
Die Eigner fort, vom alten Herde fern,
Lebt auch seit jenem blutigen Gefecht
In Thorsteins Haus ein anderes Geschlecht.
Fünf junge Söhne Glasers lebten dort;
Sie hatten noch getheilt nicht Gut und Hort,
Und hatten wenig des Besitzes Acht,
Noch ihn zu mehren waren sie bedacht.
Auf Abenteuer zogen sie umher,
Suchten Gefahren auf zu Land und Meer;
Sie dachten kaum mehr an der Ihren Tod
Und waren ihn zu rächen nicht in Noth! –
Der jüngste nur der Söhne Glasers glich
Den Brüdern nicht; der lebte still für sich
Und schien einfältig und von blödem Geist,
Und nicht wie jene wackern Sinns und dreist.
Wenn *die* sich tummelten im Sturm zu Schiff,
Den Wogen trotzend und dem scharfen Riff,
Die Streitaxt schwangen und das lange Schwert,

Und ihren Muth das Lied der Skalden ehrt' –
Lag *der* gedankenlos am warmen Herd
Auf weichem Schaffell, schweigend auf der Erd',
Und streckt die Füße nach der Asche hin,
Und schaut die Funken glühn und glimmen drinn.
Bran hieß der Bursch, der nun an zwanzig Jahr
Und kräftig sonst und stark von Gliedern war;
Doch blieb er ungeschickt zu jedem Ding
Und seine Brüder hielten ihn gering,
Der nicht von Thorsteinart, wie sie, erschien;
Und »Bran den Tölpel« nannt' die Sippschaft ihn.

Einstmal geschah's, daß auch die Brüder aus
Und Bran allein geblieben war im Haus;
Zum Feuerherde hatt' er sich gesetzt,
Dort saß er spät noch und entschlief zuletzt.
Als er sich endlich ausstreckt und erwacht,
War's finster in der Halle – Mitternacht;
Erloschen war die Gluth und nur der Schein
Des Mondes glitt mit fahlem Licht herein.
Ihm gegenüber stand ein ries'ger Mann,
Mit grauem Mantel seltsam angethan;
Von seinem Hals aus tiefem Wundenmal
Rieselt's wie Blut und tröpfelt in den Saal,
Wie nach Gewitterregen, einzeln, schwer
Die Tropfen niederfallen lang nachher.
Und Bran der Tölpel schaut ihn ruhig an
Und staunet nicht, von wannen denn der Mann,
Und wie er fraislich und wie sein Gesicht
Blutlos und bleich, eines Lebend'gen nicht.
Er fragt ihn nicht nach Nam' und Heimath aus,
Noch wessen Stamm und wie er kam in's Haus;
Nicht Wort noch Handschlag, Gruß! Auf seinem Fell
Bleibt er in Ruh, bläst nur die Flamme hell,
Und wie sie brennt setzt er sich wieder hin,
Und was der Fremde thut, nicht kümmert's ihn!
Doch wie das Reh der Drache, der geballt
Am Felsthor liegt, mit seines Blicks Gewalt
In Haft hält wenn er's mit dem Aug' erfaßt,

So ging es Bran dem Tölpel mit dem Gast,
Der steten Blickes schweigend auf ihn schaut,
Bis Jenem vor dem stummen Fremden graut.
Da greifet er verlegen nach dem Krug
Und spricht: »Wollt ihr? hier ist des Meths genug!«
Der aber nimmt den Krug und kostet draus,
Giebt ihn zurück und spricht zu Bran: »Trink aus!
»Und daß du wissest, wer dir that Bescheid,
»Dein Vetter Klaufe bin ich! Auf der Heid'
»Lieg' ich erschlagen und kein Thorstein ächt
»Hat mich an meinem Weibe noch gerächt!« –
Und Bran der Tölpel that wie er befahl,
Trinkt und setzt hin den Krug; da auf einmal
War ihm, als ob nach einer langen Nacht
Er plötzlich wär' aus schwerem Schlaf erwacht.
Und weiter hört er Klaufe's blut'ge Mähr':
Wie fruchtlos er dem Grab entstiegen wär'
Und umgeirrt zu Wasser und zu Land,
Und keinen Sippen ihn zu rächen fand. –
»Schwör' einen Eid mir,« rief ihm Klaufe zu,
»Schwör' einen Eid mir, gieb der Seele Ruh,
»Daß du die Blutschuld strafst an meinem Weib
»Und an der Frucht aus ihrem schnöden Leib!«
Und streckt die Rechte aus! Und Bran zum Pfand
Legt ab den Schwur in Klaufe's todte Hand.
»Blutbrüder sind wir nun, das merke wohl!«
So tönt des Todten Stimme dumpf und hohl.
Da zuckt ein Schlag Bran durch Gebein und Mark,
So daß er wankt, und wie er immer stark,
Ihm schwand der Geist und es erlosch sein Blick.
Als endlich ihm Besinnung kam zurück,
Da war die Halle leer und ausgethan
Die Flamm' am Herd, und wieder einsam Bran.

II

Sucht nicht den Schlüssel alles Wesens auf;
Viel giebt's Verborgnes in der Dinge Lauf,
Und viel, das ihr mit blödem Geist nicht seht,

Ist dennoch wahr und lebet und besteht.
Meint ihr wahrhaftig, keinerlei Verkehr
Sey nach dem Tode mit den Schatten mehr,
Und wenn ihr tief den Leib mit Erde deckt,
Sey auch mit ihm zugleich der Geist versteckt? –
Wohl schließt das Schattenreich ein dunkles Thor,
Ein breiter, tiefer Strom wälzt sich davor,
Doch leicht wird von der Schemen Tritt berührt
Der dünne Draht, der hin und wieder führt.
Geräuschlos wandeln sie, man hört sie nicht,
Man ahnt ihr Kommen, doch man sieht es nicht;
Nur Flimmerlichter hüpfen hin und her
Und leuchten ihnen über Land und Meer,
Wenn sich der Mond in dichte Schatten hüllt,
Und tiefe Nacht den Erdkreis rings erfüllt.
Nicht Jeder, der sie sieht am stillen Ort,
Fühlt ihren Zwang, und Mancher hört ihr Wort
Und mag von dannen gehen, unversehrt
Von ihrer Macht, vom Zauber unbeschwert.
Doch wen sie sich zu ihrem Werk erkürt,
Tauscht die Natur, von ihrem Bann berührt;
Er ist vervehmt der unbekannten Kraft,
Die mit ihm schaltet und nach Willkür schafft.

*

Als von dem Zug die Brüder heimgekehrt,
Lag Bran der Tölpel nicht mehr faul am Herd.
In gut Gewand war er jetzt angethan
Und schien mit einmal ein ganz andrer Mann;
Erhabner viel und mächt'ger von Gestalt;
Das strupp'ge Haupt von Locken schön umwallt,
Die Stirne licht, der sonst Gedanken fern,
Und Feuer stob aus seiner Augen Stern.
Vor ihm lag schön Gewaffen auf der Bank,
Er aber schliff ein Schwert und putzt' es blank;
Auch sonst schafft er umher im Hause frei,
Als ob er drin der Herr und Eigner sey.
Als ihn die Brüder so verändert sahn

Und sie erkannt, es täusche sie kein Wahn,
Da riefen sie erstaunt: »Was ist geschehn,
»Seit wir uns in den Landen umgesehn?
»Ein Tölpel schien uns Allen Bran zuvor,
«Nun gleicht er, traun, dem allgewalt'gen Thor!« –
Es kam das Mahl; sonst, wenn sie sich gesetzt,
Bekam sein Theil der Speise Bran zuletzt;
Was jene übrig ließen war für ihn;
Jetzt langt zuerst er in die Schüssel hin,
Aß nach Belieben, trank bis es genug
Und reichte dann den Brüdern erst den Krug;
Die sahn sich an und saßen staunend da,
Und wußten nicht zu deuten was geschah.
Wie nun das Mahl geendet war, sprach Bran:
»Wo ist das Gut der Thorstein? sagt mir an;
»Das reiche Gut? noch liegt es unberührt,
»Und keiner kennt den Theil, der ihm gebührt.
»Holt es herbei! theilt's fünffach und gebt Acht,
»Daß ihr die Loose gleich im Werthe macht!«

Und immer mehr erstaunten sie dem Wort,
Und Einer sprach zum Andern, als er fort:
»Was ist mit Bran? Beim rothen Bart des Thor!
»Er ist noch eins so mächtig als zuvor!
»Wie Sturmgewölk die Stirn, daß fast mir graut,
»Wenn er auf mich mit strengen Blicken schaut.
»Ist er nicht hoch und breit, als wär' zur Stell'
»Held Klaufe selbst? Wie wuchs er denn so schnell?
»Nicht ihm entgegen kämpft' ich gern; Gewinn
»Hätt' schwerlich einer, kreuzt er seinen Sinn.
»Drum besser, wir vollziehen sein Gebot,
»Denn, bei der Asen Macht, er schlüg' uns todt!«
Und sie gehorchten. Was verborgen lag
Manch langes Jahr, jetzt kam es an den Tag:
Geschmeide, Gold, das sich in Fülle fand,
Und edle Stein' und Kleinod allerhand;
Sie trugen mühsam in den Saal sie her,
Wie rasch sie trugen, ward der Schatz nicht leer.
Am Abend endlich war das Werk gethan

Und zu vertheilen fingen sie jetzt an.
Fünf Loose legten sie von gleichem Werth,
Bald ward ein Theil vermindert, bald vermehrt,
Bis sie so scharf gemessen, daß auch nicht
Um einen Strohhalm irrte das Gewicht.
Als sie nun sahn, daß gut die Theilung sey,
Da gingen sie und riefen Bran herbei.
»Nun wähle! die fünf Theile liegen hier;
»Das Loos, das dir gefällt, es bleibe dir!«
So sprachen sie zu ihm. Da nahte Bran,
Sah sich mit flücht'gem Blick die Theilung an,
Und als er sie betrachtet, warf er stumm
Mit seinem Fuße die fünf Haufen um
Und ging davon. – Die Brüder, als er fort,
Theilten auf's neu den mächt'gen Thorsteinhort
Und sonderten; und wohl noch eins so groß
Als ihre, machten sie des Bruders Loos;
Und riefen dann auf's neue Bran herbei,
Ihm meldend, daß die Theilung fertig sey;
Doch wie das erstemal, so jetzt auch, stumm,
Stieß er die Loose mit den Füßen um.
Die Brüder sahn's und runzelten die Stirn
Und zweifelten, ob Bran gesund im Hirn.

Und wieder fingen sie zu theilen an.
Da trieb sie, eifernd, von der Arbeit Bran,
Und von dem Hort macht' er der Theile zwei;
Drauf zu den Brüdern sprach er: »Kommt herbei!
»Die eine Halbscheid nehmt, die andr' ist mein,
»Dafür soll mein die ganze Rache seyn!
»All unsre Sippschaft liegt erschlagen lang:
»Der alte Thorstein mit der Eisenstang'
»Und Glaser, unser Vater, und im Feld
»Bei Gladgaard Klaufe, der gewalt'ge Held.
»Sie alle liegen ungerächt in Staub,
»Ihr über bliebt für ihre Mahnung taub!
»Ihr zieht umher zu Land und auf dem Meer,
»Doch nicht begierig seyd ihr allzusehr
»Der Feinde Blut von eurer Klingen Stahl

»Triefen zu sehn, und ihrer Todesqual
»Zu lauschen, wenn ihr sterbend Auge bricht;
»An hoher Rache Werke denkt ihr nicht.
»Ich aber will's! Schon morgen aus dem Haus
»Zieh ich des Wegs, in's weite Land hinaus.
»Nicht will ich ruhn, bis ich Ingvelden schau,
»Die blutige Walkür, einst Klaufe's Frau;
»Ich will ihr binden ihre weiße Hand,
»Von ihren Schultern reißen ihr Gewand,
»Winden ihr blond Gelock um meinen Arm
»Und in den Nacken hau'n mein Schwert, daß warm
»Auf ihres Busens Schnee der rothe Guß
»Hinströmen soll, ein uferloser Fluß! –
»Drauf Gest und ihre Kinder tilgt mein Stahl,
»Für Klaufe's Geist gehäuft zum Todtenmal.
»Blutrache sühne so des Todten Geist,
»Der ruhelos noch um die Gräber kreist!« –

Und wie er sprach, wurde sein Antlitz bleich
Und keinem Lebenden sah er mehr gleich;
Wild glomm und roth sein Blick und Funken klar
Entstoben seinem hochgesträubten Haar;
Da sahn die Brüder wohl, nicht eigne Kraft,
Die Kraft der Asen sey's, die in ihm schafft!

III.

Die Hinde zieht mit leichtem Tritt durch's Holz,
Die Waldesfürstin, hohen Hauptes, stolz,
Dem Wasser zu, das tief im Thale quillt,
Mit dessen Fluth den heißen Durst sie stillt.
Sie hebt empor den schlanken Hals und lauscht,
Was durch die tannendunkle Wildniß rauscht –
Da blitzen aus der dichten Waldesnacht,
Wie Grubenlichter glühn im finstren Schacht,
Des Wolfes Augen! Und in schneller Flucht
Enteilt die Hinde über Berg und Schlucht!

*

Nicht mehr blieb Bran zurück im engen Haus,
Den Brüdern gleich zog er auf Thaten aus;
Bald dort, bald da, zu Lande wie zu Meer,
Und furchtbar ward sein Name rings umher.
Auch fügten sich die ältern Brüder gern,
Ihm dienend jetzt, die früher seine Herrn,
Bedenkend, daß er, in der Geister Bann,
Dem Zauber stärkrer Mächte unterthan! –
Wie schön auch jetzt der Held, nicht ohne Grau'n
Konnt' fest auf ihn der Menschen Auge schau'n.
Und immer bleicher ward mit jedem Tag
Sein düstres Antlitz; auf den Brauen lag
Unheimlich Brüten, schmerzlich zuckt' der Mund
Und seiner Augen trübe Gluth gab kund,
Daß wilde Träume, lagernd auf der Stirn,
Gewittern gleich, durchbrausten sein Gehirn.

Einstmals zog Bran mit einem Knecht durch's Land,
Wo sich vom Meergestad' die Straße wand
Durch grünes Blachfeld und bebaut Geheg;
Ein Buchenwald zur Seite säumt' den Weg,
Der aufwärts stieg in sanft gewundnem Zug.
Ein goldner Abend glomm; die Amsel schlug
In stiller Einsamkeit, und Demantthau
Hing schon am Gras der duftdurchwürzten Au.
Sie schritten fort; da kam im Abendgold
Ein Wagen durch den hohlen Weg gerollt,
Mit reichen Decken überhängt; ein Paar
Milchweiße Zelter, gleich an Bau und Haar,
Zog das Gefährt. Neben dem Wagen schritt
Ein starker Mann, die Rosse lenkend, mit,
Von edler, heldenkräftiger Gestalt,
Und mäßigt ihre feurige Gewalt.
Ein Weib saß oben, wunderbar zu schau'n!
Nicht in der Lenzesblüthe junger Frau'n,
Doch also schön, daß jeder, der sie sah,
Verwundert stand, als sey ein Zauber nah.

Nicht mädchenhaft, wie eben erst erblüht
Die junge Ros' in zartem Purpur glüht –
Nein, schlank und hehr, der weißen Lilie gleich,
Die in dem Mondglanz geisterhaft und bleich
Dem Thau der Nacht die keusche Brust enthüllt,
Der ihren Kelch mit feuchten Perlen füllt! –
So zog bei Bran vorüber das Gespann,
Und im Vorbeiziehn freundlich grüßt der Mann,
Der neben ging. Bran aber stand
Sprachlos und blickt' das Weib an unverwandt;
Er dachte nicht an Dank und nicht an Gruß,
Und fest am Boden haften blieb sein Fuß! –
Die Frau blickt lange auf den Fremden hin,
Da plötzlich sieht man Purpur überziehn
Den schönen Nacken und ihr Angesicht,
Und aus den Augen flammt ein grau'nvoll Licht.
»Unseliger! nicht grüße diesen Mann,« –
So ruft sie Gest mit zorn'gen Blicken an –
»Weißt du, wer's war? Ich sah ihn nie zuvor,
»Doch will ich schwören bei dem großen Thor,
»Ein junger Wolf ist's jener alten Brut,
»Die nun erschlagen auf der Heide ruht.
»Ein Thorstein ist's – so wahr die Knaben mein,
»Ein Thorstein ist's, es kann kein Andrer seyn!
»Wie oft manch Einen unwillkürlich graut
»Vor einem Dinge, wenn er's auch nicht schaut,
»Vor bösem Kraute, giftigem Gethier
»In seiner Nähe, so auch geht es mir!
»Es zuckt in meinem tiefsten Herzen kalt
»Ein eis'ger Krampf und schnüret mit Gewalt
»Mir in der Brust die Lebensgeister ein,
»Als schliche sich der Tod durch mein Gebein!
»Ob ich auch nie mit meinem Aug' ihn sah,
»Es schreit in mir: es ist ein Thorstein da!« –
Lang' schaute Bran dem Wagen staunend nach
Mit glüh'ndem Blick, bis er sein Schweigen brach.
»Wer ist das Weib? bei Odins Throne, wer?
»Ich muß es wissen, muß – wo kommt sie her
»Und wem gehört sie an? Wer ist der Mann,

»Der dort einherging neben dem Gespann,
»Der stattliche? Sprich, kennst du sein Geschlecht?«
So frug in schneller Folge Bran den Knecht.
»»Ich hab' ihn nie gesehn, ihn, noch sein Weib,
»»Die wahrlich einer Asin gleicht von Leib;
»»Wie dort der Sonnenstrahlen scheinend Licht,
»»So floß ein Glanz von ihrem Angesicht.
»»Der Mann auch schien mir wacker, kaum noch alt;
»»Nur seine Lippe hatte einen Spalt!«« –
»Das war Ingvelde!« schrie jetzt Bran in Hast,
»Ingveld' und Gest!« – Und von der Stund' an faßt
Seltsam Gebresten ihn, das tief in Nacht
Den Geist gehüllt und krank sein Hirn gemacht.
Er floh der Menschen Näh' und saß allein
In stillem Brüten da, Tag aus Tag ein.
Nicht Meth genoß er, Speise nicht, noch Trank;
Doch war der Geist nur, nicht sein Körper krank.
Als er die Tag' im Trübsinn so vollbracht,
Da plötzlich sprang er einmal auf bei Nacht,
Rafft sich empor und sendet Boten aus
Den Männern rings, zu kommen in sein Haus.
Und früh am Morgen zogen sie herbei
Mit Hack' und Sens' und Werkzeug allerlei;
Denn nicht auf Kriegswerk war ihr Sinn gestellt,
Nein, irgend Dienst zu thun auf Wies und Feld;
Doch eines Andern wurden sie belehrt,
Und weßhalb Bran der Held sie her begehrt.
Aus jener Männer Kreis, der ihn umstand,
Wählt er sich achtzehn, muthig und gewandt,
Die stets bereit zu jedem kühnen Zug,
Wo man im Kampf die Schwerter schartig schlug.
Achtzehn Mark Silber theilt' er unter sie,
Jedweden ein', als Sold, den er verlieh.
So zog er aus; man wußte nicht wohin
Und welch ein Werk zu thun die Männer ziehn.

IV.

Meßt nicht mit heut'gem Maß die Heldenzeit
Der Vorwelt; ihre Tage liegen weit!
Nicht eures Schlages sind, die einst gelebt;
Sie haben andrer Tugend nachgestrebt,
Von rauh'rer Art und ernstrem Angesicht,
Und ihre Amme war die Milde nicht.
Ihr sucht vergebens heute noch die Spur
Von *dem* Geschlecht; längst schon hat die Natur
Zerbrochen jene Form. Entwurzelt ist
Die Esche Ydrasil[23] zu dieser Frist,
Und Mimers Quell in Asgaards Burg versiegt.
Das Heer der alten Asengötter liegt
In Odins Hallen todt; kein Runenstein
Zeigt mehr der Recken moderndes Gebein!
Doch aus der Skalden goldnem Spiegel strahlt
Der Zeiten Bild, auf dunklem Grund gemalt.

*

Bran führte die Gefährten weit in's Land,
Bis sich der Zug in einer Gegend fand,
Die Allen fremd. Sie zogen von dem Ort,
Wo Brea Ingvelden traf, noch weiter fort
Den selben Weg, den jene damals ging. –
Ein Tag war hingeschwunden und es fing
Am zweiten schon die Nacht zu dunkeln an,
Da hielt unfern vor einem Herrnhaus Bran.
»Wir sind am Ziel!« rief Bran, »hier hauset Gest;
»Gest und sein Weib! Bereitet euch zum Fest.
»Hört an mein Wort! Nicht steigt in ihrem Lauf
»Die Sonne hier des nächsten Tags herauf,
»Und weggespület, wie vom flachen Raum
»Des grauen Meergestades leichter Schaum,
»Soll seyn für ew'ge Zeiten Litolfs Blut,

---

[23] Ydrasil, der große Baum der Zeit, der in der Hölle wurzelte, und dessen Laub
an den Himmel reichte.

»So wahr in mir der alten Thorstein Muth! –
»Bei Freya's Antlitz, sie ist schön, und nie
»Sah je mein Auge noch ein Weib wie sie!
»Und denk' ich ihres Reizes, faßt die Sinn'
»Ein wilder Taumel und, ich fühl's, ich bin
»Nicht mehr der Meister meiner eignen That,
»Und nicht von mir nimmt meine Seele Rath,
»Nein, von der dunklen Macht, die mich bezwingt
»Und hält, mit der mein Wille fruchtlos ringt. –
»Umsonst nicht gab ich diese meine Hand
»Hin einem Todten als der Rache Pfand;
»Blutbruder Klaufe's schwur ich mich! Ich weiß,
»Daß ich mich selbst losschlug um diesen Preis
»Und daß mein eignes Leben bald verfließt,
»Wenn erst mein Arm Ingveldens Blut vergießt;
» *Doch* soll es fließen! Klaufe sage nicht,
»Daß Bran das Wort das er gegeben bricht! –
»Wohlan, brecht auf mit mir, doch schließt den Mund
»Und nichts umher thu' eure Ankunft kund!
»Still nahn wir und umstellen rings das Haus,
»Und lassen nichts was Leben hat heraus;
»Was dann geschieht, laßt meine Sorge seyn,
»Mein sey die Rache, hört ihr, mein allein!« –
Und nach dem Hause Gests hin ging der Zug;
Ein jeder wahrt die Waffen, die er trug,
Daß nicht ihr Rasseln die Bewohner weckt
Und vor der Zeit sie aus der Ruhe schreckt.

Die Nacht war dunkel und es blinkt kein Stern.
Sie nahten still; doch als sie nicht mehr fern,
Bekamen Wind die Hunde, die in Ruh
Das Haus umlagen, und der Straße zu,
Dem Zug entgegen, sprangen sie in Hast
Und wollten bellen; doch ein Schrecken faßt
Sie Augenblicks; denn vor dem Zuge sehn
Sie Klaufe's Geist im nächt'gen Dunkel gehn!
Der scheucht sie fort und scheu zur Seite hin
Kriechen sie lautlos, angstvoll und entfliehn. –
So waren unbemerkt genaht dem Thor

Die Männer, da trat eben Gest hervor,
Der drinn im Haus ein leicht Geräusch gehört
Und sehn will was es sey, das ihn gestört;
Nichts ahnend, trug er Waffen nicht noch Wehr.
Flugs fallen über ihn die Männer her,
Den Mund ihm knebelnd, binden sie zur Stell'
Mit Strick' und Riemen ihm die Arme schnell.
»Bewahrt ihn wohl und laßt ihn nicht entfliehn,
»Denn euer Aller Leben zahlt für ihn!«
Ruft Bran und dringt in Haus und Kammer ein,
Ingvelden suchend, die am Herdesschein
Nicht eines Ueberfalls gewärtig war,
Und ihren Arm schlang um ihr Knabenpaar!
Jetzt hört sie Lärm und Stimmen vor dem Thor;
Nicht friedlich klangen sie! Sie springt empor
Und horcht bestürzt und ihrer Seele graut,
Als sie erst Bran und gleich drauf Gest erschaut,
Den man gebunden schleppt zu ihr herein.
Die Knaben bei des Vaters Anblick schrein
Laut auf, erschreckt, und schmiegen sich an sie
Und halten fest sich an der Mutter Knie.
Bran aber, als sein Aug' Ingvelden sah,
Steht plötzlich still und umgewandelt da.
Ein tiefes Staunen spricht aus seinem Blick
Und die geschwungne Keule sinkt zurück.
Es scheint vergessen was er erst gedacht,
Und wie, vom Schlummer jählings aufgewacht,
Nicht mehr die Seele wahrt den luft'gen Traum
Und neue Bilder füllen ihren Raum
Und andere Gedanken drinn erstehn,
So fühlet Bran, ist's seinem Sinn geschehn.
Nicht denkt er mehr der Blutpflicht, die ihn band,
Nicht mehr an Klauf' und seines Wortes Pfand;
Entschwunden war aus seinem Sinn, wie er
Ein Rächer des Erschlagenen hieher
Gekommen sey; und nicht Ingveldens Tod
Von seiner Hand that seinem Herzen Noth;
Sie zu besitzen treibt ihn die Begier,
Und um sie heim zu führen ist er hier. –

»Komm Weib und folge mir! Verlaß den Ort,
»Den einsamen, und ziehe mit mir fort;
»Denn mein sollst du fortan und mein allein,
»Und keines Anderen Genossin seyn.
»Dich tödten wollt' ich, doch ich kann es nicht;
»Ein Zauber schwebt dir um das Angesicht,
»Der meinen Zorn gewandelt hat in Lust;
»Nicht kann mein Schwert in diese weiße Brust
»Ich stoßen, kann nicht mit der Keule Schlag
»Zerschmettern diese Stirn, licht wie der Tag.
»Deßhalb besinne dich und hör' mein Wort
»Und zieh mit mir aus diesem Hause fort.
»Ein eigner Knecht nur hat dich heim geführt,
»Du sollst vermählt seyn jetzt, wie dir's gebührt!
»Blick hin, welch einen Mann du aufgerafft,
»Sieh seine Lippe, die zerrissen klafft,
»Dem wilden Eber gleich, es starrt voran,
»Wie dem die Hauer, ihm der weiße Zahn!«
So rief von ihrem Reiz getroffen Bran. –
Ihn sah Ingvelde strengen Blickes an:
»»Ich finde keinen Fehl an Gests Gestalt
»»Und nie noch sah ich seiner Lippe Spalt!«« –
Da knirschte Bran in schnell erwachter Wuth –
Ihm aus den Augen rann und Ohren Blut –
Und mit der Keule that er einen Schlag,
Und todt am Boden hingeschmettert lag
Ingveldens jüngstes Kind, daß sein Gehirn
Der Mutter blutig spritzt auf Wang' und Stirn! –
Sie taumelt und erbleicht, da faßte sie
Beim Arme Bran der Schreckliche und schrie:
»Siehst du den Spalt in seiner Lippe jetzt?« –
»»Ich sehe nichts, die Lipp' ist unverletzt!««
So sprach sie, und dem Mund erstarb das Wort,
Die Sinne schwanden ihr und, nachtumflort,
Weit auf die Augen, regungslos doch wild,
Starrt sie auf Bran, ein steingeworden Bild.
Doch sank sie nicht, nein, aufgerichtet stand,
Ob fern ihr Geist, sie fest und unverwandt!

V.

Horch! welche Stimmen schneiden durch die Luft?
Weß ist der Ton, der so voll Grauen ruft,
Ein unnennbarer, unbekannter Klang?
Es ist ein ahnungsvoller Chorgesang
Der Wesen all' und Geister um uns her,
Urkräfte, die in Luft und Erd' und Meer
Geheimnißvoll bestellt hat die Natur,
Ihr Werk zu thun, und die mit Zwange nur
Ihr dienstbar sind. Auf schreien sie empört
Ein furchtbar Lied, in Weisen ungehört:
»Lobt nicht den Menschen! Seines Geistes Licht
»Und seine Tugenden erhebt sie nicht!
»Blickt hin, wie die Geschicke seiner Welt
»Auf wilden Haß der Herzen nur gestellt;
»Wie in dem ganzen Reiche der Natur
»So tief gesunken keine Kreatur,
»Daß sie zerfleischt ihr eigenes Geschlecht
»Und in dem Blut, dem sie entsprungen, zecht!
»Der Mensch allein ist mit dem Mord vertraut
»Der eignen Art, vor der dem *Thiere* graut!«

*

Bran schien von seiner eignen That erschreckt,
Und seine Mordhand, die schon ausgestreckt,
Sank auf das Haupt des andern Knaben lind,
Und von ihm ungefährdet blieb das Kind.
Laut auf schrie Gest; – da reißen mit Gewalt
Aus diesem unglücksel'gen Aufenthalt
Die Männer ihn, die Bran hieher geführt.
Der schien von seinem Thun ganz ungerührt
Und kaum der That bewußt. Der Wiederkehr
Nach Thorsteins Hof trug nicht sein Herz Begehr.
Das schwoll in immer wildrer Leidenschaft,
Und wie das Feuer in des Berges Haft
Glühte die Lieb' in stillem Wahnsinn fort,
Bis sie entfesselt stürmt in Blick und Wort.

Allein umsonst! Ingveldens Ohr blieb taub.
Dort saß sie thränenlos und bleich im Staub
Am Boden, unbewegt, und schwieg und sah
Nach einer Stell', als läg' das Kind noch da.
Und als das Aug' sie willenlos auf Bran
Endlich erhob und starrt' ihn schweigend an;
Da, wie sie schaut, erblaßte Bran und nicht
Ertrug er jenes Blicks unheimlich Licht!
Er fühlt, ein ehern Band leg' um die Stirn
Ihm Wahnsinn jetzt, schnür' ein sein glühend Hirn.

Daß er entflieh' der dunklen Zaubernacht,
Stürzt er hinaus in's Schattenreich der Nacht.
Doch wie er 'rausritt sieht er Klaufen stehn;
Der trat vor ihn und hielt ihn auf im Gehn:
»Wo willst du hin? hältst du so deinen Schwur?
»Noch leben drei, es fiel ein Knabe nur! –
»Kannst du nicht sehn ein Tröpflein rothes Blut,
»Und bist ein Mann! Mein Weib hat bessern Muth!
»Ein Strom entstürzt' aus meinem Hals mit Macht,
»Ingvelde sah's und hatte deß kaum Acht.
»Und wie stets bleich und bleicher mein Gesicht,
»Strahlt *ihres* ros'ger stets, und freudig Licht
»Aus *ihrem* Auge funkelnd sich ergoß,
»Als brechend meines sich im Tode schloß!
»Da hättest blutbespritzt du sollen schau'n
»Voll Hohn die unbarmherzigste der Frau'n
»Auf ihrem Wagen hoch erhoben stehn,
»Und auf mich hin lächelndes Blickes sehn.
»Die Geißel schwingend jagte sie vom Ort;
»Mich aber ließ sie auf der Heide dort,
»Wie eines Thieres abgestorbnes Aas,
»Hungrigen Geiern zum willkommnen Fraß!
»Drum sollst du nicht der Pflicht entlassen seyn,
»Die du mir schwurst, so lang' noch an den Drei'n
»Geschehen nicht der Rache blutig Recht,
»Nicht ausgetilgt Litolfs und Gests Geschlecht!« –
Sprach's und verschwand. Nicht wußte Bran wohin,
Leer war die Stell' und nicht sah er, ob ihn

Die Erde nahm in ihren stummen Schooß,
Ob in die Luft Bild und Gestalt zerfloß, –
»Wo ist er hin? Wahr ist sein Wort,« sprach Bran,
»Was hat mir dieses Weibes Aug' gethan?
»Warum nicht tödt' ich sie, die sterben muß,
»Was hindert mich, was wanket mein Entschluß?
»Warum schmilzt meine Mannheit hin wie Schnee
»Im warmen Lenz, wenn ich sie vor mir seh'? –
»Gibt's keine andre Frau im Land zu frei'n
»Als sie, der schon hinschwand der Jugend Schein?
»Darf ich wohl Klaufen brechen meinen Schwur?
»Dem gnügt ihr Blut und das der Ihren nur!
»Was zaudr' ich länger noch – und muß es seyn,
»So sey es jetzt!« – Und wild stürzt er hinein.
Doch wie Ingvelde wieder vor ihm steht,
Ist er gelähmt; der rasche Zorn vergeht.
Von Neuem wird in ihm Verlangen wach,
Und sänftigt seine Augen allgemach.
Verwandelt war sein Sinn; doch welche Kraft
In ihm so mächtige Verwandlung schafft,
Er wußt' es nicht! Umsonst stand Klaufe's Bild
Vor seiner Seele, zornentbrannt und wild,
Nicht achtet er's. Ingveldens Tod zu schau'n
Wehrt ihm ein seltsam ungewohntes Grau'n;
Doch wie er auch in glüh'nden Worten spricht,
Das Weib blickt vor sich hin und hört ihn nicht.
So schwand ein Tag und wieder einer hin,
Und seiner Werbung hat er nicht Gewinn. –

                              *

Da zogen Handelsleut' am Hof vorbei
Und kehrten ein mit Gütern mancherlei.
Sie zogen im beständigen Verkehr
Fern um, weit über Land und über Meer,
Und brachten Stoffe, Gold und Edelstein
Und Waffen, reich Geräth, Kleinode fein;
Gefangne, die, zu arm, kein Lösegeld
Den Siegern bieten konnten zum Entgelt.

Was irgend nur der Menschen Wunsch erfreut,
Ein ferner Strand, ein Land dem andern beut,
Das Alles stand geordnet, Theil bei Theil,
Und war zum Tausch und zum Verkaufe feil.
Als nun der Handel ging, da kam auch Bran
Und sah sich um; dann trat er schnell heran
Zum Kaufherrn, und ein Roß von edler Art,
Das ungeduldig in den Boden scharrt,
Feilscht er von ihm: »Laß diesen Falben mir,
»Und eine Sklavin geben will ich dir.« –
»Ich soll die Sklavin nehmen für das Pferd?
»Nie ist sie mir im Tausch den Falben werth.
»Was thu' ich mit dem Weib, wo führ' ich's hin;
»Da bringt ein Gaul mir besseren Gewinn!«
Er drauf: »Erst seh sie an und sprich nachher!«
Und zu den Seinen: »Führt Ingvelden her!
»Doch du,« – rief er den Kaufmann herrschend an,
Und glüh'nder Zorn zu röthen ihn begann –
»Du nimm das Weib und weiche schnell vom Ort,
»Denn komm' ich wieder und du bist nicht fort,
»Beim Asathor, erschlagen liegst du mir,
»Und all dein Gut zur Stell' vernicht' ich dir!« –
Faßt unbekümmert drauf das Roß am Zaum
Und führt es schweigend in des Hofes Raum.
Der Kaufmann blickt' ihn hochverwundert an,
Doch sah er bald, daß wirr im Geiste Bran
Und daß nicht gut mit ihm zu streiten sey.
Was ist zu thun, der Handel ist vorbei;
Er nimmt die Sklavin statt dem Gaul mit sich
Und denkt, vielleicht gewann beim Handel ich.
Ich brauch' daheim grad' eine Magd wie die;
Fügsam und guter Sitte scheinet sie.
Ich will sie mit mir nehmen und ich weiß,
Sie gilt mir wohl noch den gezahlten Preis.

Und mit dem Kaufmann zieht Ingvelde weit
Von ihrem Haus in fremde Dienstbarkeit,
Von ihrem Gatten, ihrem Kind entfernt.
Noch hatte sie im Leben nicht gelernt,

Wie herb und bitter Brod der Knechtschaft schmeckt;
Doch blieb sie stark an Muth und unerschreckt,
Sie klagt und fleht nicht; ihre Wang' ist blaß,
Doch keine Thräne macht ihr Auge naß.

VI.

Ihr Nornen, Schicksalslenkerinnen, laßt,
Wen ihr im Grimm zum Opfer habt erfaßt,
Ungleichen Kampf nicht der Gewalt bestehn!
Fühlt einen Schlag und laßt ihn untergehn,
Den ihr erkürt; nicht schütz' ihn Odins Schild.
Doch seyd, ihr Götter, streng zugleich und mild
Und laßt ihn sterben an dem *einen* Schlag;
Nicht sterb' er Glied für Glied und Tag um Tag!
O hüllet sanft den hoffnungslosen Schmerz
In Sterbelinnen, machet starr das Herz
Und löscht die Leuchte des Bewußtseyns aus,
Jedweden Schimmer in des Geistes Haus!
Nicht soll Erinn'rung in des Elends Nacht
Fortweben das Gewebe dunkler Macht;
Sie kann nur Gluth aus Hekla's Schlunde seyn,
Ein frischer Stich in offne Wunde seyn,
Ein keuchend Ringen in der Todesnoth,
Ein ew'ges Sterberöcheln – und kein Tod!

*

Ingvelde zog weit hin in fremdes Land
In dem Geleit des Manns, der sie erstand.
Zwar wußt' er nicht wie ihre Herkunft sey;
Und ob sie gleich zu seiner Schaltung frei
Und er für sie an Bran gezahlt den Werth,
War etwas doch in ihr, das ihm verwehrt,
Sie zu behandeln einer Sklavin gleich
Er setzte sie auf einen Wagen weich
Und wandelt neben ihr den Weg entlang;
Und schien ein Dienst zu leisten noth, so sprang
Er schnell hinzu. Sie aber merkt es nicht,

Ließ es geschehn, als sey's gemessne Pflicht,
Und sprach kein Wort und blickte vor sich hin,
Ganz unbekümmert, welchen Weg sie ziehn. –

So kamen sie im Haus des Kaufmanns an,
Und eine Woche allgemach verrann;
Er ließ Ingvelden ungestört und hieß
Sie ruhn vom Weg auf weichem warmem Vließ;
Die beste Kammer war ihr eingeräumt
Und nichts, was einem Gast gebührt, versäumt.
Sie wohnt im Haus wie eine Sklavin nicht,
Nein, wie des Hauses Frau. Nach seiner Pflicht
Dient auf des Herrn Geheiß ihr das Gesind,
Und was sie wünscht, vollbracht wird es geschwind.
Doch nicht geändert schien Ingveldens Sinn;
Sie saß und blickt' tiefsinnig vor sich hin,
Und selten nur aus dem verschlossnen Mund
Gab ein »Ich dank' euch,« daß sie lebe kund.
Doch als ein Tag hin nach dem andern ging
Und einer stets dem andern glich im Ring,
Da meint der Kaufherr, Zeit sey's wohl nunmehr,
Daß er ihr deutlich mache sein Begehr.
So naht ihr eines Tages denn der Mann,
Und freundlich lächelnd spricht er so sie an:
»Jed' Ding hat seine zugemessne Zeit,
»Es endet Lust, es endet Traurigkeit;
»Genug gefröhnt hast du dem Leid, doch jetzt
»Vergiß, was dich vielleicht daheim verletzt.
»Ich hab' genug Besitzthum und Gesind,
»Doch bin ich ohne Weib und ohne Kind.
»Dich kauft' ich, du gehörst mir eigen an,
»Ich bin dein Herr, der dir gebieten kann;
»Doch du hast wunderbar mein Herz bewegt,
»Und des Verlangens heiße Gluth erregt.
»Du sollst nicht ferner meine Sklavin seyn,
»Sey du mein Weib; was mein ist sey auch dein!«

Ingvelde sah ihn finstern Blickes an:
»»Dein Roß hast du verloren gegen Bran.

»»Nicht lebt der Mann, der meinen Willen zwingt,
»»Drum glaube nicht, mein Freund, daß dir's gelingt!«««
Dem Kaufmann schien bedenklich, was sie sprach.
Wohlan denn! dacht' er, heute geb' ich nach;
Es kommt vielleicht wohl bald herbei der Tag,
Wo sie des Bessern sich besinnen mag.
Doch schwand ein Tag ganz wie der andre hin
Und nicht geändert ward Ingveldens Sinn.
Da sprach er zürnend: »Deucht's beschwerlich dir
»Mein Weib zu seyn, so dien' als Sklavin mir.
»Ich will dich nicht umsonst ernähren; nicht
»Um anzusehen nur dein blaß Gesicht
»Erkauft' ich dich. Willst du mein Weib nicht seyn,
»Hier ist die Wolle, hier ein Webschiff fein;
»Es steht der Brunnen und der Trog zur Hand –
»So webe denn und wasche mein Gewand
»Und feg' das Haus, denn einer Magd gebührt,
»Daß sie den Besen und das Webschiff führt!« –
»»Ich diene nicht!«« sprach sie mit ruh'gem Ton;
Und mocht' er sie ermahnen oder drohn,
Sie saß auf ihrem Lager unbewegt,
Gleich einem Bild von Stein, das sich nicht regt.
Da meint' der Mann, er bä'nd'ge sie mit Zwang,
Durch enge Haft und durch des Hungers Drang.

Ingveld' erhob nicht einen Klagelaut,
Doch schwand sie hin. Als dieß ihr Herr erschaut,
Da ward ihm bang', sie werd' aus ihrer Haft
Bald ohne Kaufgeld durch den Tod entrafft.
»Dieß Weib verhungert, eh' sie ihren Sinn
»Gehorchend beugt! Was hätt' ich deß Gewinn,
»Behielt ich sie mit Zwang noch länger hier
»Hin auf den nächsten Markt zieh' ich mit ihr;
»Dort geb' ich sie für jedes Angebot;
»Hab' denn mit ihr ein Andrer seine Noth!«

So dacht' der Mann, und als nicht lange drauf
In Drontheim Markt, führt er sie zum Verkauf
Dahin; band sie an's Holz mit einem Strick

Und bot sie feil. Da fiel gar mancher Blick
Verwundernd auf die herrliche Gestalt,
Die selbst im Elend hoher Reiz umwallt.
»Ja, einer Asin gleichet dieser Leib!
»Wer und woher ist sie – wer kennt das Weib?«

So sprachen viele Männer die sie sahn,
Und mancher wollte sie zu kaufen nahn,
Doch keiner that's, ein jeder hatte Scheu.
»Gebt wohl Acht, daß euch nicht der Handel reu'!
»Der Schwanenjungfrau'n eine ist's, wenn nicht
»Den Asen sie gehört, denn ihr Gesicht
»Ist irdisch nicht!« sagt dieser hier. – »»Gewiß
»»Gar eines starken Helden Weib ist dieß.
»»Kauft einer sie und führt sie in sein Haus,
»»Holt der mit Schwertschlag bald sie wieder 'raus
»»Und nimmt euch Hab' und Gut mit zum Entgelt,
»»Wenn er euch nicht das Haupt zum Gürtel spält!««
So sprach ein andrer; so daß keiner wagt
Und um des Weibes Preis den Kaufmann fragt.

Da tönt auf einmal plötzlich laut Geschrei:
»Auf, flieht, und laßt ihm Platz und Wege frei!
»Seht Bran den Tölpel auf dem Rosse dort,
»Mit mächt'gem Schlachtschwert tobt er; macht euch
fort!
»Es ist der Held, wild in Berserkerwuth,
»Und wer ihm nahe tritt, der wagt sein Blut!« –
Und Alles floh. Es sprengt' Bran her zu Roß
Und schleunig aus einander stob der Troß.
Des Wahnsinns Zeichen waren leicht zu schau'n
Im bleichen Angesicht voll düstrem Grau'n:
Die Augen glühten – Flammen stob das Haar –
Es schäumt der Mund. – »Begegnung bringt Gefahr!«
Dacht' jeder und gab Raum. Schon war er nah,
Als grad' vor sich er Litolfs Tochter sah.
Bei ihrem Anblick staunend schrie er auf
Und hielt den Gaul schnell an im flücht'gen Lauf.
Noch eh' der Kaufmann wußte was geschah,

Lag schon sein redend Haupt am Boden da;
Das hieb ihm Bran mit einem Hieb vom Rumpf,
Daß in den Staub hintaumelte der Stumpf;
Erfaßt mit Macht Ingvelden dann und schwingt
Sie vor sich in den Sattelbug und bringt
Sie raschen Laufes fort, bis er am Rand
Des grauen Meers leer einen Nachen fand.

*

Als Bran Gests Weib verkauft dem fremden Mann,
Meint' er, zur Ruh gelangen werd' er dann;
Er hatte seines Wortes bittre Reu,
Und es zu brechen wie zu halten Scheu.
»Ihn rächen sollt' ich, das war Klauf's Begehr,
»Ich that's, was will er noch der Rache mehr?
»Ist's nicht genug, daß ich ihr Kind erschlug,
»Das liebliche, das sie im Arme trug?« –
So dacht' er; doch auf jeden Schritt und Tritt
Ging Klaufe's Schatten, ihn verfolgend, mit.
Und war er ledig auch den schlimmen Gast,
Hatt' er deßhalb noch nicht im Herzen Rast.
Ihn faßte dann die ganze heiße Gluth,
Der Wünsche Stachel, liebcsbrünst'ge Wuth.
»Was hielt ich sie nicht hier, daß ich mit Zwang
»Die Gunst, die sie verweigert, mir errang.
»Sie wehrt umsonst. Wenn dieser Arm sie hält,
»Dann ist sie mein und thut was mir gefällt!« –
Und so von wilder Leidenschaft gehetzt,
Von Haß und Rache, von Verlangen jetzt,
Verfehmt dem Geiste, der ihn rastlos trieb
Und wie sein Schatten ihm zur Seite blieb,
Ward immer wilder sein erregter Sinn,
Bis ganz des Hauptes flackernd Licht dahin.
So faßt' ihn rasende Berserkerwuth
Und seine Seele dachte nur an Blut.
In dunkler Nacht ergriff er plötzlich Gest
Und seinen Knaben, band sie beide fest
Und schleppt' sie auf den Weg hin mit Gewalt,

Wo Klaufe's grabentstiegene Gestalt
Er oft nah seiner Mordstatt sah. – »Wohlan,
»Held Klaufe!« – rief er – »so du willst, sieh an
»Den krieggewohnten Gest in seinem Blut!
»Nicht ihn allein, auch seine junge Brut!« –
Und wie er spricht, schwingt er sein breites Schwert,
Das durch Gests Haupt bis in die Schulter fährt,
Und schneidet drauf dem Kind das Hälschen ab
Und läßt die Leichen liegen ohne Grab;
Und wild umhauend, als ob Feinde da,
Eilt er von dannen. Als er heim, ersah
Er ein gezäumtes Roß; er schwang sich drauf
Und ließ es frei hinwenden seinen Lauf;
Er trieb es zwar, doch galt's ihm gleich wohin.
So trug das Roß gar bald nach Drontheim ihn,
Dort, als er eben kam, stellt das Geschick
Ihm Litolfs Tochter plötzlich vor den Blick.
So ward Ingvelde jetzt als Rachepfand
Gegeben in des Wahnsinns blut'ge Hand!
Doch nicht entbehrt das Grab Gest und sein Kind.
Zwei Geister kamen Nachts und hüllten lind
Vater und Sohn bei bleichem Mondenschein
In lange weiße Nebelschleier ein,
Die weithin niederwallten in der Luft,
Bis sie dem Aug' entzieht der Wolken Duft. –
Am Orte, wo einst Olafs Hütte stand,
Erhob ein Grab sich an des Stromes Rand,
Das, sagt man, Norfs und Olafs letzten Sproß,
Ingveldens Kind und ihren Mann, umschloß. –

VII.

Habt ihr gesehn am heißen Erntetag,
Wenn schwül die Luft auf durst'gen Fluren lag,
Den Süd, wenn er die heißen Flügel schwingt,
Den Staub aufwühlt und schwere Wetter bringt,
Die dunkeln Wolken hin am Himmel fegt,
Bis schwarze Nacht den Horizont umhegt?
Wie heim die Heerde eilt in scheuer Flucht,

Der Reiher Schutz im Rohresdickicht sucht,
Wie dumpfes Rollen durch die Lüfte braust
Und immer stärker nah und näher saust?
Wie laut der Donner kracht, die Blitze sprühn,
Und doch kein Regen frischt der Lüfte Glühn,
Bis endlich schwer und dicht vom Himmelszelt
Der eis'ge Hagel prasselnd niederfällt
Und in die Erde tief die Halme schlägt,
Die sich, erst noch ein goldnes Meer, bewegt!
Nichts bleibt dem Aug' des Wandrers mehr zu schau'n,
Als der Verwüstung und der Oede Grau'n! –
So ist's im Leben, wenn der Götter Hand
Strafend um's Aug' uns legt das eh'rne Band
Der Leidenschaft! dann ruht nicht der Orkan,
Bis daß der Tod sein letztes Werk gethan!

Ingvelde sah, daß in des Thorsteins Hand,
Des Rasenden, umsonst ihr Widerstand,
Und daß gekommen sey der Augenblick,
Wo sie erliegen werde dem Geschick.
»Was willst du thun, unsel'ger Räuber! sprich,
Wo hast du Gest und wohin führst du mich?
Führ' mich zu ihm, wenn du die Asen ehrst,
Daß alte Schuld du nicht mit neuer mehrst!« –
Drauf lachte Bran. Doch seines Geistes Nacht
Stiert aus dem blassen Antlitz, wie er lacht,
Wild und entsetzlich, so daß eisig kalt
Ein Schauer durch Ingveldens Adern wallt
Und sie erbebt; das erstemal vielleicht
Im Leben ist's, daß sie aus Furcht erbleicht.

Und immer stärker treibt der wilde Bran
In seinem Lauf den flücht'gen Renner an,
Daß vor dem Aug' pfeilschnell der Raum entflieht.
Jetzt blitzt's von fern und nah, und näher zieht
Dunkles Gewölk und mächt'ger Donner rollt.
Da, in dem Aufruhr, der am Himmel grollt,
Erhebt die Stimme Bran und spricht: »Schweig still!
Was rufst du mich? Du siehst ja, daß ich will;

Schon bring' ich sie!« – Doch sieht Ingvelde nicht,
Wer ihm genaht ist und mit wem er spricht. –
So kommen sie an's Meer. Jetzt hält im Lauf
Mit einemmal Bran seinen Renner auf.
Es scheint, das Ziel der windesschnellen Flucht
Sey hier am Strand die kleine Fischerbucht.
Dort hebt Ingvelden er vom Pferd und spricht:
»Wie – du erbebst? Hörst du den Jubel nicht?
Heut geht's hoch her im Haus der blauen Ran,[24] Die
Thorsteins sitzen drinn und schrei'n nach Bran.
Seekön'ge rudern ringsum ohne Zahl,
Goldglänzend, freudig, her zum Hochzeitsmahl!«
Und löst das Seil aus einem Eisenring,
Indem ein Nachen angebunden hing,
Und mit Ingvelden, trotz des Wetters Streit,
Fährt er hinaus in's Meer vom Strande weit.
Da noch einmal fragt Litolfs Tochter Bran:
»Bei Odins mächt'gem Schwerte, sag' mir an:
Wo ist mein Kind – was hast du Gest gethan?«
Und er darauf: »»Fluch seinem Eberzahn!««Und wie er
spricht, erhellt ein Blitz im Meer
Ein Fahrzeug; drauf steht Klaufe wild und hehr
Mit der gewalt'gen Stange, stark und lang,
Die, weil er lebt', er statt dem Ruder schwang.
Wie er im Sturme nun vorbeiflog, nah
Am Nachen Brans, und ihn Ingvelde sah,
Deckt sie mit ihrem Schleier ihr Gesicht
Und ahnt gewissen Tod. Sie scheut ihn nicht.
Da faßt der aufgethürmten Wellen Macht
Ingveldens Kahn, daß sein Gebälk zerkracht
Und seine Trümmer tanzen auf dem Meer.
Die grauen Wogen wirbeln drüber her
Und schlingen, die er trug, in Nacht und Grau'n,
Und nichts ist von Ingvelden mehr zu schau'n
Und Bran. Auch Klaufe schwand. – Oed' ist die Fluth,
Der Donner schweigt, des Sturmes Athem ruht!

---

[24] Ran, die Göttin des Meeres

Hoch auf dem Felsen in der Bucht am Strand
Steht Helge, los ihr Haar und ihr Gewand;
Sie achtet nicht des Sturmes um sie her
Und singt, den Blick gerichtet auf das Meer:

»Wo fährst du hin durch Wetter,
Vom Todesboot getragen
Im grauen Wogenfelde?
Morsch krachen schon die Bretter,
Die Ruder sind zerschlagen;
Wo fährst du hin, Ingvelde? –
Doch ich – ich lebe noch!« –

»Du fährst dahin zu sterben,
Wahnsinn an deiner Seite;
Dich, die der Treue Siegel,
Dich faßt nun das Verderben.
Schönwange, du geweihte,
Jetzt bricht der Schönheit Spiegel!
Doch ich – ich lebe noch!« –

»Siehst du den blut'gen Schatten
Herrudern durch die Wogen,
Den Todten sonder Ruhe,
Den ränkevollen Gatten,
Der dich, den du betrogen?
Er schläft in eichner Truhe,
Doch ich – ich lebe noch!«

»Fluch ihm, der ohn' Erbarmen
Um deine schönen Wangen
Mich ließ, kaum erst gewonnen!
Einst nur nach meinen Armen
Begehrt' er, voll Verlangen,
Berauscht von meinen Wonnen!
Doch ich – ich lebe noch!« –

»Seekönig Klaufe! Nimmer
Trittst du in Gimle's Hallen;[25] Rache wird meinen
Thränen!
Nie siehst du Asgaards Schimmer![26] Schon läßt sein
Horn erschallen
Heimdal, mit goldnen Zähnen.[27] Doch ich – ich lebe
noch!« –

»Schon reiten zu Urds Welle[28] Die Asen zum Gerichte.
Gluth schnauben ihre Pferde;
Thor kommt zu Fuß zur Quelle;
Da, unter dem Gewichte,
Biegt Bifrost sich zur Erde![29] Doch ich – ich lebe noch!«
–

»Sie richten streng und sprechen
Gerechten Spruch. Dich treibet
Vom Saale, licht umflossen,
Zu Hel[30] er, wo Verbrechen
Die Nacht bedeckt. Es bleibet
Walhalla dir verschlossen,
Doch ich – ich lebe noch!« –

---

[25] Gimle war da« glänzendste Haus Odins zu Asgaard, dem
Aufenthalte der Asen

[26] Gimle war da« glänzendste Haus Odins zu Asgaard, dem
Aufenthalte der Asen

[27] Der Ase Heimdal, der Wächter der Götter, rief diese mit goldenem Heerhorn
zur Versammlung

[28] Am Brunnen Urd, nächst der Brücke Bifrost, war der Platz, wo die Asen Ge-
richt hielten

[29] Am Brunnen Urd, nächst der Brücke Bifrost, war der Platz, wo die Asen Ge-
richt hielten

[30] Hel, Lokis Tochter, die Hekate der Skandinavier.

»Ingvelde – Bran – gebunden
Ruhn Alle jetzt im Grunde
Und in des Meeres Fluthen!
Begraben und entschwunden
Sind sie im Todesschlunde,
Die Schlimmen wie die Guten!
Doch ich – ich lebe noch!

Über tredition

Eigenes Buch veröffentlichen

tredition wurde 2006 in Hamburg gegründet und hat seither mehrere tausend Buchtitel veröffentlicht. Autoren veröffentlichen in wenigen leichten Schritten gedruckte Bücher, e-Books und audio-Books. tredition hat das Ziel, die beste und fairste Veröffentlichungsmöglichkeit für Autoren zu bieten.

tredition wurde mit der Erkenntnis gegründet, dass nur etwa jedes 200. bei Verlagen eingereichte Manuskript veröffentlicht wird. Dabei hat jedes Buch seinen Markt, also seine Leser. tredition sorgt dafür, dass für jedes Buch die Leserschaft auch erreicht wird.

Im einzigartigen Literatur-Netzwerk von tredition bieten zahlreiche Literatur-Partner (das sind Lektoren, Übersetzer, Hörbuchsprecher und Illustratoren) ihre Dienstleistung an, um Manuskripte zu verbessern oder die Vielfalt zu erhöhen. Autoren vereinbaren direkt mit den Literatur-Partnern die Konditionen ihrer Zusammenarbeit und partizipieren gemeinsam am Erfolg des Buches.

Das gesamte Verlagsprogramm von tredition ist bei allen stationären Buchhandlungen und Online-Buchhändlern wie z. B. Amazon erhältlich. e-Books stehen bei den führenden Online-Portalen (z. B. iBookstore von Apple oder Kindle von Amazon) zum Verkauf.

Einfach leicht ein Buch veröffentlichen: **www.tredition.de**

Eigene Buchreihe oder eigenen Verlag gründen

Seit 2009 bietet tredition sein Verlagskonzept auch als sogenanntes "White-Label" an. Das bedeutet, dass andere Unternehmen, Institutionen und Personen risikofrei und unkompliziert selbst zum Herausgeber von Büchern und Buchreihen unter eigener Marke werden können. tredition übernimmt dabei das komplette Herstellungs- und Distributionsrisiko.

Zahlreiche Zeitschriften-, Zeitungs- und Buchverlage, Universitäten, Forschungseinrichtungen u.v.m. nutzen diese Dienstleistung von tredition, um unter eigener Marke ohne Risiko Bücher zu verlegen.

Alle Informationen im Internet: **www.tredition.de/fuer-verlage**

tredition wurde mit mehreren Innovationspreisen ausgezeichnet, u. a. mit dem Webfuture Award und dem Innovationspreis der Buch Digitale.

tredition ist Mitglied im Börsenverein des Deutschen Buchhandels.

Dieses Werk elektronisch lesen

Dieses Werk ist Teil der Gutenberg-DE Edition DVD. Diese enthält das komplette Archiv des Projekt Gutenberg-DE. Die DVD ist im Internet erhältlich auf **http://gutenbergshop.abc.de**

MIX

Papier | Fördert
gute Waldnutzung

FSC® C083411

Zeitfracht Medien GmbH
Ferdinand-Jühlke-Straße 7
99095 Erfurt, Deutschland
produktsicherheit@kolibri360.de